构建"互联网+"农产品流通新模式

——长沙现代服务业综合试点的探索与创新

主　编　高　伟

副主编　吴照舒　黄福华

中国财富出版社

图书在版编目（CIP）数据

构建"互联网＋"农产品流通新模式：长沙现代服务业综合试点的探索与创新／高伟主编．—北京：中国财富出版社,2019.8

ISBN 978－7－5047－6864－3

Ⅰ.①构…　Ⅱ.①高…　Ⅲ.①互联网络－应用－农产品流通－研究－长沙　Ⅳ.①F724.72－39

中国版本图书馆 CIP 数据核字（2019）第 026033 号

策划编辑	颜学静	责任编辑	邢有涛　郭小草	
责任印制	尚立业	责任校对	杨小静	责任发行　敬　东

出版发行　中国财富出版社

社　　址　北京市丰台区南四环西路 188 号 5 区 20 楼　　　　邮政编码　100070

电　　话　010－52227588 转 2098（发行部）　　　010－52227588 转 321（总编室）

　　　　　010－52227588 转 100（读者服务部）　　010－52227588 转 305（质检部）

网　　址　http://www.cfpress.com.cn

经　　销　新华书店

印　　刷　北京京都六环印刷厂

书　　号　ISBN 978－7－5047－6864－3/F·2994

开　　本　710mm×1000mm　1/16　　　　　版　　次　2019 年 8 月第 1 版

印　　张　11　彩　页　4　　　　　　　　　印　　次　2019 年 8 月第 1 次印刷

字　　数　206 千字　　　　　　　　　　　定　　价　98.00 元

编 委 会

序　言

党的十九大报告首次提出建设现代化经济体系。2018 年 1 月 30 日，习近平总书记在中共中央政治局第三次集体学习时强调，建设现代化经济体系是一篇大文章，既是一个重大理论命题，更是一个重大实践课题，需要从理论和实践的结合上进行深入探讨。大力发展服务业，既是当前稳增长、保就业的重要举措，也是调整优化结构、打造中国经济升级版的战略选择。

长沙于 2012 年 7 月获批成为全国现代服务业综合试点城市，试点主要方向为促进农产品现代流通产业发展。商务部要求长沙充分发挥中央和地方的政策合力，采取先行先试、政策集成、重点支持等方式，积极探索服务业发展新模式，为全国提供可推广、可复制的示范经验。

自试点以来，财政部和商务部以及省财政厅、省商务厅有关领导多次亲临长沙指导试点工作，市委市政府高度重视、各部门密切配合，使长沙现代服务业发展迎来了转型创新发展的春天。自试点工作开展以来，长沙共实施试点项目 143 个，总投资 206.7 亿元。试点打造以黄兴海吉星农产品物流园为核心项目的"南菜北运"中心，金霞粮食物流园为核心项目的"北粮南运"中心等多个现代农产品物流中心，充分彰显长沙对周边省市的示范带动作用，初步实现了建成全国农副产品交易集散中心的目标。试点工作带动了长沙服务业转型发展，也为全国服务业发展提供了可借鉴的经验，其中"建立三级市场体系"等 5 条经验被商务部转发全国推广复制。试点工作开展以来，商务部组织专家组对各试点城市进行了全方位的绩效评价，长沙连续 5 年被评为优秀。

为系统总结试点过程中形成的经验成效并予以推广，湖南商学院与长沙商务局组织专家学者及工作人员完成了《构建"互联网＋"农产品流通新模式》这一重要的理论成果。该成果站在长沙建设国家中心城市的战略高度，围绕农产品流通发展的重大问题和现实需要，对长沙现代服务业综合试点进行了深入调查和系统研究，总结提炼出农产品流通的"长沙模式"。"长沙模式"准确把握农产品流通的五大机制，即信任机制、利益机制、协调机制、学习机制、预警机制，确定了长沙市现代服务业综合试点工作的"五性原则"和"四大工作路径"，确保相关的宏观管理工作与内部运行机制相吻合。"长沙模式"针对农产品流通发展和"乡村振兴"战略提出了一系列有重要决策参考价值的对策与建议，将对加快现代服务业发展发挥积极作用。

农产品现代流通是一个新兴产业，需要不断展开科学的调查研究，才能有效推动产业持续健康发展。希望有关部门和企业主体持续深入工作实践，不断加强理论探索，为实现"乡村振兴"战略目标，建设现代化经济体系做出新的贡献。

是为序。

邱继兴

2018 年 12 月 5 日

目　录

1 绪论

1.1 研究背景及意义

1.1.1 研究背景

党的十九大提出了 2020 年全面建成小康社会以及分两个节点到 2050 年把我国建成社会主义现代化强国的宏伟目标。要实现中华民族伟大复兴，我们必须建立战略性新兴产业，加快产业结构转型升级，大力发展服务业，以此推动社会主义市场经济体制和经济发展方式转变。实现我国以资源经济为主体的结构迈向以服务经济引领的发展道路，服务业在经济总量中的比重、服务业增加值占 GDP 的比重不断提升，使我国服务业经济成为国家社会财富创造的主体，成为引领和推动我国经济社会发展的强大动力。

习近平总书记在十九大报告中指出：支持传统产业优化升级，加快发展现代服务业，瞄准国际标准提高水平。李克强总理高度重视服务业发展，明确提出"加快转变经济发展方式、推进产业结构优化升级，涉及面最宽的、最大的抓手就是大力发展服务业，要切实提高对大力发展服务业的认识，增强紧迫感"。《国民经济和社会发展第十三个五年规划纲要》中明确提出要把推动服务业大发展作为我国产业结构优化升级的战略重点，营造有利于服务业发展的政策体制环境。近几年来，国家陆续出台了一系列支持鼓励服务业发展的政策措施，旨在发挥中央和地方政策的集成合力，突破体制机制瓶颈，探索建立完善推动现代服务业发展的创新体系，实现服务业发展提速、比重提高、水平提升的目标。

《乡村振兴战略规划（2018—2022 年)》对农村及农产品物流建设也提出了明确的要求，如"加快完善粮食现代物流体系，构建安全高效、一体化运作的粮食物流网络""加快构建农村物流基础设施骨干网络，鼓励商贸、邮政、快递、供销、运输等企业加大在农村地区的设施网络布局。加快完善农村物流基础设施末端网络，鼓励有条件的地区建设面向农村地区的共同配送中心"等。

互联网在中国经历了20多年的发展，从简单的门户网站、搜索引擎，发展到社交网站、即时通信，再到移动搜索、LBS（基于位置服务）等移动互联网应用的风靡，在产业规模持续扩大的同时，也不断向各类传统产业渗透。互联网影响的行业，从早期的传媒、游戏等行业，到娱乐、零售行业，再到金融、教育和医疗等行业，影响范围还在继续扩大。2015年，李克强总理在政府工作报告中首次提出"互联网＋"行动计划，首次将互联网建设上升到国家战略的层面，为互联网向各行业的融合渗透创造了良好的政策环境。报告明确提出，制订"互联网＋"行动计划，推动移动互联网、云计算、大数据、物联网等与现代制造业结合，促进电子商务、工业互联网和互联网金融健康发展，引导互联网企业拓展国际市场。作为现代服务业的一个关键组成部分和先导部队，互联网服务业的升级可以说是整个中国服务业升级的一个风向标。互联网促进了现代服务业的发展，其中，以平台化、生态化为特色的电子商务支撑服务业达到世界先进水平，深刻改变了服务业的面貌，改变了企业发展的商业环境。在此历史机遇下，我国现代服务业应当充分利用互联网相关技术和先进模式，实现转型升级，并发挥对整体经济高质量增长的支撑作用。

因此，大力发展现代服务业，是当前扩大内需、拉动经济、增加就业的有效途径，也是长沙调整优化产业结构，提高能源利用效益，转变经济增长方式，建设资源节约型、环境友好型社会的必由之路。一直以来，长沙非常重视发展现代服务业，围绕国家中心城市目标，按照"重点发展生产服务业，大力培育新兴服务业，全面提升传统服务业"的思路，积极推进服务业发展，总量规模快速增长，内部结构不断优化，产业层次逐步提高，传统产业活力不断提升，新兴产业异军突起，服务业增加值占GDP比重、服务业税收、就业贡献率均呈逐年上升态势，服务业成为长沙经济的主导产业。

长沙于2012年7月获批成为全国现代服务业综合试点城市，目的就是要建设一批具有引领性、示范性的项目，在新的历史条件下拓展服务范围、服务领域、服务内容、服务对象，创新服务模式，增强服务功能，满足社会和消费者对服务业日益增长的需求，以此带动、引导湖南省服务业的发展水平。"长沙模式"为拓展商务领域、加快体制创新、转变营销方式、提高流通效率、降低物流成本、提高经营管理水平开辟了一片新的天地，使服务业成为长沙经济社会发展新的动力源和增长极，促进经济增长、增加财税收入、扩大人员就业，为全国全面开展现代服务业积累经验。

长沙是一座现代化城市，也是一座高消费的城市，不仅拥有较完善的市场要素资源配置、现代化的市场体系，而且有较高的服务业发展能级和良好的商业文化氛围，为开展现代服务业试点提供了良好的环境和发展基础。近年来，长沙紧紧围绕"又好又快、率先发展"，建设"创业之都、宜居城市、幸福家园"，加快发展服务业，努力打造区域现代服务业中心和文化创意中心，取得明显的新成效，现代服务业成为长沙经济社会发展的重要支撑。

长沙第十三次党代会提出，全市上下要担当起创建国家中心城市和现代化建设的历史使命，打造国家智能制造中心、国家创新创意中心和国家交通物流中心。以农产品现代物流为主攻方向的长沙现代服务业试点在这一历史使命中担当了重要角色。自试点以来，湖南省财政厅、湖南省商务厅十分重视长沙的试点工作，有关领导多次亲临指导项目建设，各地方部门都非常关心支持长沙现代服务业的发展，长沙现代服务业迎来了转型创新发展的春天。长沙试点主要方向为促进农产品现代物流产业发展，遵循示范性、公益性、创新性、带动性、安全性的原则，遴选并推进试点项目加快建设，积极推动机制创新、标准创新、业态创新、方式创新和技术创新，努力把长沙建设成为在大宗特色农副产品物流和集散交易领域具备全国领先水平和较强引领带动效应的示范城市。这些试点项目以小资金撬动大投入，以局部试点带动全局发展，以短期探索促进长效机制，带动长沙服务业转型发展，也为全国服务业发展提供可借鉴的经验。

1.1.2 研究意义

自 2012 年 7 月长沙获批国家现代服务业综合试点城市以来，按照财政部、商务部对试点工作的要求，结合长沙现代服务业发展实际，紧紧围绕建设全国"农产品物流示范城市""全国农产品交易集散中心"的目标，以农产品现代物流产业为突破，以重大项目实施为抓手，不断探索加快农产品现代物流发展的有效途径。因此，研究发展长沙现代服务业具有非常重要的现实意义，主要表现在以下三个方面。

（1）发展现代服务业是顺潮流、趋大势的必然选择。

现代服务业既是一个国家或地区现代化水平的重要标志，也是推动经济增长、拉动内需和提升产业竞争力的重要力量，发达国家普遍形成了以服务业为主的产业结构。就全球来讲，美欧发达国家在工业化的过程中没有放弃服务业的强力优势，发展中国家在全力推进后工业化的过程中也在极力发展服务业。传统服务业提供了大量的就业机会，而新型的现代服务业既提供了就业岗位，又是一种可持续发展的模式。习近平总书记在党的十九大报告中指出：支持传统产业优化升级，加快发展现代服务业，瞄准国际标准提高水平。促进我国产业迈向全球价值链中高端，培育若干世界级先进制造业集群。李克强总理在第二届京交会暨全球服务论坛北京峰会上演讲的题目就是 "把服务业打造成经济社会可持续发展的新引擎"，李克强总理的演讲强调了三个词语，即 "升级版" "新四化" "改革红利"，明确指出中国将把发展服务业作为打造经济 "升级版" 的战略举措，作为推进 "新四化" 的重要方面，作为释放 "改革红利" 的重要突破口。从国家到省市，鼓励和扶持服务业发展的政策导向越来越鲜明，无论怎么重视服务业都不为过。

（2）发展现代服务业是促发展、强实力的迫切需要。

当代世界经济竞争，已经明显表现为城市与城市之间的竞争。实际上到后工业发展时期，城市之间的竞争重点表现为城市对人流、物流、资金流、信息流等重要因素的激烈争夺。服务业领域宽泛、门类较广、形式多样，几乎包括除农业、工业、建筑业外的城市所有功能。特别是现代服务业以其低能耗、高就业、高产出、知识密集型、技术密集型、劳动密集型等特点，成为现代城市与区域竞争的核心。从城市发展来看，谁把握了现代服务业，就把握了先机，把握了主动权。

（3）发展现代服务业是促转型、保民生的战略举措。

湖南省委书记杜家毫曾专题调研长沙现代服务业发展情况，强调现代服务业对转变发展方式、促进结构调整、吸纳就业等具有重大意义。湖南省委常委、长沙市委书记胡衡华在全市推进现代服务业发展大会上指出：加快长沙经济发展，关键要加快补齐现代服务业这块短板，使之成为长沙新的增长引擎。加快现代服务业的发展既可以为制造业提供全面完善的配套环境，推动长沙产业转型升级，形成战略性新兴产业引领、先进制造业支撑、现代服务业发达的现代产业体系，还可以实现有就业、惠民生、可持续的发展，满足人民群众消费结构转型升级和精神文化生活不断丰富的需求，共建共享全面小康。

1.2　现代服务业及农产品物流政府规制文献综述

1.2.1　现代服务业文献综述

在国民经济产业分类中，服务业涵盖了除农业、工业和建筑业外的所有行业。现代服务业的突出特性是知识密集化和管理现代化。在全球经济发展过程中，现代服务业日益成为衡量国家、区域以及城市经济发展阶段和竞争力的重要标志。加快发展现代服务业是增强区域辐射功能、发挥经济中心城市作用的迫切需要。自 20 世纪以来，世界各国对服务业的理论研究不断深化、拓展，服务业的理论创新为实践打下了坚实的基础。

1.2.1.1　现代服务业概念

现代服务业是中国特有的词汇，1997 年党的十五大报告中首次提出该概念，却没有给出明确的定义。国内学者对现代服务业概念的认识还没有达成一致。2005 年，北京市推出了现代服务业界定标准和统计范畴，其他地区经济统计体系中还没有确定现代服务业的分类标准。

国际上正式使用现代服务业概念的并不多见，20 世纪 90 年代以来，国际上曾划分传统服务业和知识密集型服务业，如经济合作与发展组织（OECD）将信息服务业、金融服务业、教育服务业、专业服务业和健康保健服务业五大类列为知识密集型服务业。现代服务业与知识密集型服务业在概念界定上存在交叉。

国内学者从不同的研究视角和侧重点对现代服务业的概念进行了界定。从服务手段来看，现代服务业的发展依托于高新技术和现代化管理理念。现代服务业是高新技术和知识密集型的服务业，科学技术特别是信息技术对现代服务业的推动和保障作用十分重要，科学技术直接推动服务业经营模式和管理模式的改变。

从产业特性角度来看，现代服务业与传统服务业相比具有高技术性、知识性、新兴性三大基本特性。现代服务业的这三大特性是针对整个现代服务业而言的，而对于某一具体的服务行业，它可能同时具有三大特性，也可能只具有其中某一特性。

从功能方面来看，现代服务业是指当前那些能够向其他行业释放出较强外溢效应，从而有利于提升整体经济竞争力的服务行业的集合体。在世界经济、区域经济一体化进程不断加快的背景下，对于区域发展而言，以现代技术和管理为基础的现代服务业的最本质功能不是提高服务业的增加值，而是通过产业关联效应提高整个地区的经济竞争力。

从服务对象角度来看，现代服务业的内涵分为两部分：现代生产性服务和现代消费性服务。现代生产性服务是指应用现代科技和满足生产中间需求的各项服务；现代消费性服务是指主要满足个人生活质量提高和能力扩展需要的服务。而从狭义的角度定义，现代服务业的服务对象不包括个人，是"现代生产性服务业"，是指为生产、商务活动和政府管理而非直接为最终消费提供的服务。

在这里，我们认为现代服务业是在工业化比较发达的阶段产生的，主要依托信息技术等高新技术和现代管理理念而发展起来的知识和技术相对密集的服务，能够向其他行业释放出较强外溢效应，从而促进整体经济科学、快速发展。现代服务业分为两大类：一类是伴随工业化程度加深而加速发展的服务业，也称补充性服务业，如银行、证券、信托、保险、租赁等现代金融业，建筑、装饰、物业等房地产业，会计、审计、评估、法律服务等中介服务业；另一类是工业化后期大规模发展的新兴服务业，如移动通信、网络、传媒、咨询等信息服务业，教育培训、会议展览、国际商务、现代物流等新兴行业。现代服务业主要包括交通运输、仓储和邮政业，信息传输、计算机服务和软件业，金融业、房地产业、租赁和商务服务业，科学研究、技术服务和地质勘查业，环境管理业和教育业等行业。

1.2.1.2 服务业的兴起及成因

早在亚当·斯密时期就开始了对服务业成因的关注，随着西方服务业实践的发展，人们对服务业成因的认识在日益深化，逐渐形成了关于服务业兴起及成因的一系列观点。

（1）基于社会分工和交易费用理论的观点。

交易费用的概念最早由科思（Coase，1937）提出，科思将其定义为人们为完成一笔交易所付出的货币、时间、精力等各项成本的总和，交易成本分为内部交易成本和外部交易成本。由此出发，一些学者认为，服务业产生的重要原因是社会分工在不断深化，社会分工极大地降低了交易费用。欧美地区服务业的快速发展可从分工深化的角度来理解，服务业的外部化只是制造业服务从内部提供转向外部提供的结果，没有增加服务业作为一个整体经济的总量。格鲁伯和沃克（Grubel & Walker, 1989）进一步认为，这种社会化的生产性服务业能够使生产专业化，不仅提高了劳动与其他生产要素的生产率，又为进一步的社会劳动分工创造了条件。罗森和威尔斯（Rowthorn & Wells, 1999）认为，随着分工的深化，服务部门会扩张，这能够充分吸收制造业过剩的工人。科菲（1990）认为，面对未来经营的不确定性，企业通常会选择服务外包来分散经营风险，企业将资源集中在价值链的核心竞争环节，而将非核心环节外包出去，从而提高企业经营的灵活性和效率，可见，随着分工的发展，服务业逐渐从制造业中分离出来，这有利于降低企业的交易费用和经营风险。

（2）基于区位理论的观点。

这一观点认为，现代服务业的兴起和其所处区位具有正相关关系，即区位条件越好，现代服务业越易于形成和发展。丹尼尔斯（1985）指出，在英国，投资环境决定了服务业的发展，而投资成本又是决定现代服务业投资环境的一个重要因素，投资环境良好的区位决定着现代服务业较高的功能水平。拜尔斯（1993）认为，现代服务业往往会在经济增长速度较快的城市获得发展，现代服务业的投资也倾向于经济发达的区域。贝利（1995）认为，区域发展依赖技术进步，反之，区域的技术进步也将促进现代服务业的发展。就区域投资环境伊列雷斯（1996）进一步认为，优秀的人力资源和现代服务业的前后产业关联性是影响现代服务业投资环境的主要因素。我国学者也支持类似观点，如谢文蕙认为，城市是区域经济发展的核心区域，也是服务业的主要聚集场所和中心。

（3）基于服务经济理论的观点。

这一观点认为，服务业和经济发展之间具有关联性，服务业之所以产生是由于服务业与经济发展之间有着密切的相关关系。福斯最早提出了"服务经济"的概念，强调了发达国家的服务业在吸纳就业方面处于绝对地位。其后，一系列经济学者都关注到服务业在国民经济发展中的重要性。贝尔认为，在后工业社会，生产与消费都不再以物质产品为主，而是以服务为主。

国内学者在这方面也持有相同观点，如李江帆（1984）曾提出"服务产品"理论，开创了我国的第三产业经济学。江小涓（2004）进一步采用实证方法，通过数学模型分析了经济增长与服务业之间的关系。

（4）基于需求理论的观点。

一些学者认为，最终需求结构变动对服务业增长会产生影响，同时，服务业内部结构的变动也会对服务业的产生及发展构成影响。如格舒尼（J. Gershuny, 1978）用实证方法对需求变动与服务业增长之间的关系进行了研究。罗森和威尔斯（Rowthorn & Wells, 1987）的研究表明，随着服务业的发展，除满足最终消费的服务业外，相关服务业也将迅速兴起。因此，在分析需求因素对服务业发展的影响时，不能仅局限于国内需求和家庭消费。厄夫林（Elfring, 1989）提出，在 20 世纪 60 年代，服务业发展主要由于社会服务需求的增长，70 年代和 80 年代服务业的发展则主要源于生产者服务和个人服务需求的增加。

（5）基于供给理论的观点。

供给理论认为，服务业的兴起并非来自总需求的变动，而是取决于服务业和制造业生产率增长速度的差异。鲍莫尔（Baumol, 1967）提出，相对于工业制造业而言，服务业的劳动生产率提高较慢，具有 "停滞部门" 的特征，因而服务业比重的不断提高对整体经济效率的提高并不显著，这就是所谓的 "鲍莫尔病"，也就是 "成本病"。高登（Gordon, 1996）认为，服务业生产率及其增长率测度中存在的主要难点是如何准确对其他服务业进行测度，并具体分析了金融业、房地产业以及其他服务业生产率增长的数据。

1.2.1.3 现代服务业系统

刘成林（2007）对现代服务业发展进行了理论与系统研究，指出：系统工程理论本身包含着分解协调技术。他还指出，在研究现代服务业系统进程中，应该侧重于研究系统设计、系统分析、系统决策以及系统控制，这对认清整个现代服务业系统有很大的作用。同时，对于现代服务业系统的研究还应该按不同层次下不同子系统或不同组成要素来展开分析，这都有利于认清整个现代服务业系统。秦立公和张丽婷（2010）以桂林市统计年鉴数据为基础，剖析了桂林市现代服务业的发展现状及存在的问题，从系统的角度出发提出了对桂林市现代服务业进行优化集成的思想，并从专业化集成战略、一体化集成战略、价值链集成战略角度给出了桂林现代服务业系统的发展思路和方向。李燕博士（2011）对现代服务业系统进行了研究，在其博士论文中，着重论述现代服务业系统的构建、运行与仿真，并认为：现代服务业系统是在一定的政治经济与社会文化大环境下，不同现代服务业要素通过有机结合而形成的复杂自然、经济、社会系统。李燕博士（2011）将现代服务业系统归纳总结为现代服务业需求拉动系统、现代服务业要素能动系统、现代服务业引力推动系统以及现代服务业保障辅动系统。不同子系统间相互影响、互相制约，共同推进了现代服务业系统的发展。李燕博士（2011）还认为，在现代服务业系统内部各因素中，存在四个主导影响因子，即综合实力因子、要素因子、生产因子和政策因子，这些主导因子进一步决定了系统运行发展的动力模式。刘成林（2007）对现代服务业系统的子系统进行了研究，认为就现代服务业系统的目标函数而言，该系统可分解成 N 个子系统，即整体目标可以分解。

1.2.1.4 现代服务业系统形成机理

任英华、游万海、徐玲（2011）在纳入空间效应前提下，构建了现代服务业集聚形成的机理空间面板计量模型，对我国 28 个省域相关数据进行实证研究表明：我国现代服务业集聚在省域之间有较强的空间依赖性和正的空间溢出效应。技术差异在时间维度上对现代服务业集聚的促进作用显著，在空间维度上并不显著；交易费用与现代服务业集聚有显著的负相关性；知识溢出、规模经济、政府行为对现代服务业集聚的促进作用显著。曾永寿（2005）认为，现代服务业产业链存在"链主"。"链主"推动了整条产业链的生成，并引导着产业链的发展方向。产业链核心企业的这种推动主要包括技术品牌渗透式、业务整合式以及外包分化式，其中业务整合式又分为销售驱动型和生产驱动型两种类型。他认为"链主"对产业链内成员关系的发展与维护起主要负责作用。

关长海、赵国杰（2009）在探讨现代服务业生态群落的含义、形成机理和模式的基础上，分析了"两业融合"的动力机制，并提出东北老工业基地现代服务业与装备制造业生态群落融合发展的政策建议。黄进良、吴金明（2007）用一个"3 + 3 + 3 + 3"的数学形式来描述一个完整产业的全产业链形成机制。张冀新（2009）在分析现代产业体系与城市群的互动机理基础上，研究城市群现代产业体系的融合机理、集聚扩散机理和三力平衡机理，构建城市群现代化体系的评价指标体系。吴金明（2006）认为，产业链包含了价值链、供需链、企业链以及空间链，基于这四个维度构建了一个产业链运行机制模型。他认为产业链正是这四个维度在彼此交互作用的过程中形成的，这种交互作用可以被理解成一种"对接机制"，这种机制构成了产业链形成的内模式。在实践中，除了"对接机制"这只看不见的"无形之手"，还有诸如企业、行业、政府调控的"有形之手"，"无形之手"与"有形之手"的"握手"过程就是现实中产业链的真实形成过程，即所谓的产业链形成的外模式。

1.2.1.5 现代服务业发展模式研究

张洁和苗明杰（2010）对现代服务业发展模式及其国际借鉴进行了分析论证。他们认为，从城市产业发展的角度来看，现代服务业的发展驱动力来自产业自主创新的供给驱动、需求驱动或两者的共同作用。结合世界各地现代服务业的发展，可将现代服务业的成功发展模式归纳为：自主创新和需求共同推动的现代服务业发展模式；二次创新推动的现代服务业发展模式；政府主导的国际外包服务需求推动的现代服务业发展模式；外来制造业和服务业需求推动的现代服务业发展模式。张自伟（2018）对现代服务业集聚区发展进行分析，然后比较分析了我国现代服务业集聚区发展的现状，并借鉴国际现代服务业集聚区发展，提出了优化我国现代服务业集聚区的发展措施。范志忠（2017）认为服务业集聚区建设是现代服务业发展的突破口，是促进现代服务业发展的十分重要的战略举措。内蒙古呼和浩特市新城区在精心研究相关服务业集聚区建设的理论研究基础上，从新城区服务业发展、集聚区发展的实际出发，对现代服务业的可持续发展模式进行了有力的尝试。

美国学者丹尼尔·贝尔（1973）在《后工业社会来临》一书中指出，服务业经历了从以个人服务和家庭服务为主，到以商业服务和运输服务为主，再到以技术性、知识性的服务和公共服务为主的进化过程。在当今的经济环境下，随着经济的不断发展，现代服务业与其他产业的联动发展以及集群化和国际化的发展趋势正逐渐显现。王先庆、武亮（2011）在归纳总结国内外学者对集聚模式分类研究的基础上，针对现代服务业的特点，从原生型、嵌入型和外生型三个层面分析现代服务业的集聚模式，并结合国外的成功经验提取关键结构要素且分析其机理，对国内现代服务业集聚的模式及结构机理进行剖析和论证。陈淑祥（2007）总结了世界范围内各大城市的现代服务业发展路径，并指出纽约、伦敦、东京、北京、上海等区域中心城市现代服务业的发展路径各有千秋。纽约以金融服务业为主，伦敦以金融和创意服务业为主，东京以产品研发和技术创新服务业为主，上海以经济、金融、贸易和航运"四个中心"为主，北京以文化和科技服务业为主。

王苑（2008）对现代服务业产业链问题进行了实证研究，他认为现代服务业产业链与生物群落类似，可以构建一个演化博弈模型来对其进行解释，即基于产业链的现代服务业企业合作创新演化博弈模型。在对模型进行解释的过程中，他认为有一个吸引相关产业加入的正反馈环存在于现代服务业产业链之中；这一正反馈环是解释现代服务业产业链演进机理的基础。纵观实践领域，现代服务业的产业链发展模式主要包括核心企业带动模式、产业聚集模式、产业集群模式。张树林（2007）着重分析了现代服务业的集群机理，指出一个适宜的内外部环境是现代服务业发展所必需的，认为产业集群这种形式是现代服务业产业价值链衔接和集合的载体与形式，能够很好地促成集群产业间的相互知识传递和资源共享。

张树林（2007）认为现代服务业系统应当是一个具有上、中、下游完整产业的集合，现代服务业系统之外的相关支撑产业是其发展的基础。综合关于现代服务业、现代服务业系统形成机理与发展模式的相关文献来看，现代服务业的发展正日益涌现出许多新趋势，学者已经进行了相关探索性研究。学术界以下两方面的研究存在不足。

（1）事实上，现代服务业的产生就是与一个或几个关联产业的发展、融合过程同时进行的，虽然对现代服务业的相关研究很多，但是专门针对现代服务业系统的相关研究还很少，多数研究停留在规范分析层面。

（2）对现代服务业系统的研究常见现代服务业系统的内涵、特征、类型等，但对现代服务业系统的形成与运行机理、发展模式等方面的研究非常少见。

1.2.2 农产品政府规制文献综述

1.2.2.1 政府规制研究综述

对国内外关于政府规制的相关文献进行梳理，发现学术界对政府规制尚未有统一的概念界定。"规制"一词来源于英文的"Regulation"或"Regulatory constraint"，Viscusi（1995）等学者认为，政府规制是政府以制裁手段，对个人或组织的自由决策的一种强制性限制。政府的主要资源是强制力，政府规制就是以限制经济主体的决策为目的并且运用这种强制力。Meier（1998）认为规制是指政府控制公民、公司或下级政府行为的尝试，在某种意义上，是指政府对社会范围内公民选择的限制。Spulber（1999）认为，政府规制是行政机构制定并执行的直接干预市场机制或间接改变企业和消费者供需政策的一般规则或特殊行为。日本学者植草益（1992）在定义政府规制时，把政府规制限定在限制行为上，认为政府规制是社会公共机构（一般指政府）依照一定的规则对企业的活动进行限制的行为。在对政府规制含义的界定上，我国学者余晖（1997）提出规制是指政府的许多行政机构，以治理市场失灵为己任，以法律为根据，以大量颁布法律、规章、命令及裁决为手段，对微观经济主体的不完全公正的市场交易行为进行直接控制和干预。王俊豪

（2001）认为政府管制是具有法律地位的，相对独立的政府管制者（机构），依照一定的法规对被规制者（主要是企业）所采取的一系列行政管理与监督行为。宋华琳（2017）认为，可以将全球规制的组织形态分为五类，包括正式的政府间组织的规制、跨政府组织网络、各国规制机构实施的行政规制、政府和私人主体组成的混合行政、国际非政府组织的治理。全球规制给我国政府规制的影响是规制规则的趋同、规制信息的交流、规制结果的相互承认、规制能力的学习。我国的政府规制机构要以制度化、程序化的方式，积极参与到全球规制网络之中。孙娟娟（2018）从公共行政的目标、机构和工具等视角入手，通过梳理规制的兴起和改革以及向治理的转变，探讨规制与治理之间的关联。

国内外对政府规制的研究也有一定的基础，学者们集中在对政府规制理论、规制影响评估、政府规制改革等方面。在政府规制理论研究方面，国内外关于政府规制的理论，大致有公共利益规制理论、利益集团规制理论、激励性规制理论和规制框架下的竞争理论等。规制影响评估是指估计规制带来的或可能带来的主要的正面影响和负面影响的系统化方法。从国外研究来看，评价规制的影响有五种方法，经济计量分析法、支出测算研究法、工程成本分析法、生产率研究法和一般均衡分析法。而我国学者从定性和定量的分析视角上，对我国的政府规制尤其是行业规制影响评估做了许多有益的研究工作。在政府规制改革方面，结合我国的实情，学者们的基本共识是：我国从计划经济体制下转化过来的政府规制观念、体制、结构等存在诸多问题，改革迫在眉睫；但我国政府规制改革的基本模式应区别对待，采取放松与强化并重的策略；改革的基本方向是合理、高效、法定、公正、独立。

1.2.2.2 政府规制与物流效率相关研究

国外学者研究政府规制较早，主要研究规制影响评估和规制改革。我国学者主要从政府制度、规制改革方面进行研究，基于政府规制视角的生鲜农产品研究相对较少。如夏春玉（2004）对我国物流体系政策进行了研究，他认为物流信息化、物流标准化、物流协作化，以及物流的组合方式对物流效率影响最直接、最重要，并指出了我国物流政策体系存在的缺陷及改进措施。张会恒（2010）则对规制影响评估的研究进展进行综述分析，提出了规制影响评估（RIA）是提高政府规制有效性、改善规制质量的有效途径和工具。杨军（2011）等研究我国农村城镇化与物流效率之间的关系，指出农村城镇化能提升农产品物流效率。王静（2014）建议以制度的形式促使农产品物流可持续发展。吴绒（2014）对政府规制下的农产品绿色供应链管理决策进行了研究。唐明玉（2016）研究了北京市物流政策对城市配送效率的影响，通过研究物流政策中各政策变量对配送效率的影响，并对政策变量的影响进行灵敏度分析，明确政策变量的影响程度，可以帮助企业降低物流成本、提高效率，并实现可持续经营与发展。

1.2.2.3 简要评述

目前对于农产品物流效率的研究中，不同的研究学者基于不同角度选取的指标和评价方法不尽相同，使得农产品物流效率评价方法体系得以逐步完善。对政府规制的研究尚处于发展中，不少学者仍在积极探索。虽然国内外学者已经为政府规制和物流效率的研究发展奠定了一定的基础，但总结这些研究成果，也发现了未来仍需继续研究的方向。

第一，评价物流效率的指标选取尚未达成一致。物流本就具有多样性，使得学者们基于不同视角会选择不同的评价指标，目前被大众接受的指标系统尚未形成。不同研究者选择的指标不同，其测评的结果和结论就会有差异，因此可对物流效率评价指标体系做进一步研究。

第二，在有关农产品物流的一系列研究中，少有学者把视角聚焦到生鲜农产品的研究上。生鲜农产品相较于一般的农产品，有其特殊性，产品生命周期较短且对温度要求较高，因此，有必要对其加以研究来丰富这方面的理论。

第三，有关政府规制的研究越来越多，但与规范研究相比，实证研究相对薄弱。对政府规制的研究，即使是结合我国国情的探讨，大部分还是侧重于规范研究，实证研究仍比较少。而针对生鲜农产品物流效率的实证更少，因此，应加强实际调研，加强实证研究，实证与理论相结合，使理论的指导性更强。

1.3 国内外先进经验比较

1.3.1 国外先进经验

1. 纽约经验

纽约是以发展现代服务业为主的美国第一大城市，同时也是全世界首屈一指的国际金融贸易中心，尤其以其居于全球强势地位的金融保险业、专业科技服务业、商务服务业而著称。纽约市现代服务业发展的模式又称中心区就地膨胀发展模式或曼哈顿发展模式，这种模式有以下的特点。

一是以金融商务服务业为主导产业的集群发展模式。从发展动因来看，在纽约产业结构大调整的背景下，纽约市服务业的快速发展，推动以金融商务服务业为主导产业集群的发展，形成老城、中城空间布局，老城是最著名的金融区，中城是豪华居住区和商业区，两城之间相辅相成、协调发展。

二是以良好的外部环境和要素支撑为保障的模式。曼哈顿经济中心街道、码头、高级商务楼和住宅楼等基础设施十分完善；曼哈顿的居民都是高素质和高收入的人群，他们成为金融服务供求的主要客体，同时也是现代服务业的重要人才储备。

三是以政府规划、引导、调控为辅助的模式。在纽约金融服务业形成和壮大的过程中，纽约市政府每个关键时期都给予了主动规划和有力调控，为其发展创造适宜的环境。

2. 新加坡经验

新加坡之所以能确立其亚洲金融中心、航运中心以及贸易中心的国家定位，与其大力发展相关的批发零售业、商务服务业、航运通信业和金融服务业四大行业是分不开的。其发展主要经验如下。

一是以中央商务区为重点，大力推动金融服务业发展。新加坡政府为促进 CBD（中央商务区）的发展不遗余力。1966 年，成立 "城市复兴局"（URA），规划引导中心区的复兴工作。之后，URA 致力于使 CBD 独具特色、卓尔不群。同时，新加坡推出了大量的配套激励政策以吸引国际金融机构入驻 CBD，包括税收优惠、取消外汇管制、吸引跨国公司设立地区总部政策。

二是重点建设自由贸易区。新加坡在港口及机场等地设立自由贸易区（区内企业可以申请保税牌照），并在自由贸易区区内实行配套的保税政策，从而吸引了 FedEx（联邦快递）、UPS（联合包裹）、TNT（荷兰邮政快递）等在全球最具有影响力的第三方物流服务提供商。

三是全面促进信息化和高技术发展以优化服务业，从而加快产业升级。1992 年的 "科技岛计划" 和 1997 年的 "新加坡综合网计划" 的提出，在加快了新加坡信息产业发展速度的同时，也在很大程度上推动了发展现代服务业的步伐。

四是政府主导建设创新型发展道路。2006 年，新加坡公布了 "2010 年国家科技计划"，新加坡政府于 2011 年前在研发领域新增投入，进一步推动研究领域基础设施建设，鼓励私企增大研发投资比例，向企业通过批准的项目提供 70% 的研究经费资助。同时，增加大量的政府奖学金以资助海外留学，加大对科学家的培养力度。

3. 日本农村现代服务业经验

日本在发展农村现代服务业方面走在世界前列，建立了发达的农村信息业、覆盖全体农村劳动者和农村人口的农村社会保障体系、较为完善的农产品流通体系、高效的农村金融服务体系、农协专业化服务组织体系等。

一是加速推进农村现代服务业的法制化进程。日本政府先后制定了大量与农村现代服务业相关的法律法规，如《农业基本法》《农机化促进法》《生活保护法》《生鲜食品电子交易标准》等。

二是将松散的农村现代服务业凝聚在专业的农村服务业组织之下。日本成立了符合企业法律规范的"日本农协"，为分散的农户提供多元化的服务，如组织生产生活资料、农产品收购、农业贷款和生产生活技术指导等服务。从而提高了农民在市场经济中的竞争力，扩大了农户的经营规模，推动了农业生产的专业化，为产品销售提供了便利，使农民增加了产品加工后的高附加值收益分享，最终提高农民收入，改善了农民生活水平和农业生产条件。

三是建立健全与农民有关的社会保障体制，完善农民生产生活各项保障，从而提高农民促进发展现代服务业的积极性。

四是对农业生产性服务建设提高重视。例如，专业化的农村金融体系、高效的农机服务体系、充分保障信息共享的农产品交易系统和生产科研信息系统、完善的农业知识培训体系等，从多方面为农村现代服务业的发展提供了有力的信息流通和交易便利的保障。

4. 首尔经验

首尔的现代服务业也是与先进制造业共同成长起来的，首尔与新加坡一样注重产业融合和产城融合。目前首尔的六大增长引擎产业是数字内容、信息技术、（生物/纳米）研发、金融服务、设计和时尚、旅游和会议，新经济发展方向是"高科技产业（先进制造业）＋旅游业"，这也符合知识经济框架下现代服务业、先进制造业和城市协同发展的原则。与新加坡产业国际化先行的策略不同，首尔更加注重运用城市营销手段吸引世界的眼球，采取城市国际化先行的策略。

首尔城市营销的经验有以下两条。

第一，从组织保障的角度建立统一领导、多元协调的城市营销组织网络和领导机制。

第二，从指导思想的角度确立通过清溪川复原等工程进行象征性城市符号的重建，使首尔城市的传统特质与全球化特征和谐共存，从而赋予首尔不同的印象和含义。这套行之有效的网络和机制成功地确立了首尔的城市口号 "Hi Seoul"，并由首尔产业通商振兴院转化为首尔市政府所推荐的优秀企业共同品牌，成功实现了产城融合。

5. 伦敦经验

伦敦现代服务业发展的最大特点是形成了城市中心、内城区、郊外新兴商务区的多点发展模式，强调综合功能和生态功能，即突出现代中心城市对管理决策、金融控制和要素集聚的要求，更强调产业集群功能的可持续发展，其发展体现以下几方面特点。

第一，历史的积累为伦敦现代服务业的发展积累了良好的外部条件。伦敦是金融服务业发达的城市，早期的股票经纪业务、保险业务、投资业务为其积累了现代服务业发展的基础，历史底蕴丰富；英国产业结构的调整为现代服务业的发展带来了新的机遇，并且积累了大量的人才储备。

第二，伦敦现代服务业选择在政府引领下的多点发展模式。伦敦选择了城市中心、内城区、郊外新兴商务区的现代服务业集群多点发展的新模式，这种模式的形成不仅保证公众利益和公共环境不受高强度开发的破坏，同时又满足商务办公区的膨胀需求，形成了以泰晤士河码头区为代表的伦敦第二个中央商务区。

第三，创新成为推动伦敦现代服务业发展的动力。伦敦金融服务业集聚规模巨大，它是世界上最大的国际保险中心，是世界最大的国际外汇市场，还是世界上最大的欧洲美元市场。伦敦主要依靠金融创新和保险技术创新，新的金融工具、金融市场和金融技术不断出现，从而获得金融服务业的发展动力。

1.3.2 国内先进经验

1. 上海发展现代服务业集聚区的经验

上海在借鉴国际级大都市成功经验的基础上，结合上海发展特点的实际情况，拟定了上海发展现代服务业集聚区的构想。在具体实施过程中，积累符合我国国情的实际经验，注重样板效应，促进我国更大范围内的现代服务业的集聚发展。

上海现代服务业特别注重品牌建设，重点培育建设具有国际竞争力的高端服务业。上海现代服务业发展呈现功能集聚的态势，中心城区地位凸显优势，总部经济发展迅速，创意产业快速启动等。上海发展现代服务业的经验有以下几点。

第一，注重外部环境的优化，比如上海经济发展持续稳定；产业结构调整战略明确，政策的推动作用明显；WTO（世界贸易组织）后续效应凸显，服务业对外深度开放；世博会给服务业发展带来机遇；区域经济发展，带动了拓展功能区间。

第二，现代服务业发展目标和定位准确，无论在总体定位方面、产业定位方面、区域定位方面都符合上海现代服务业发展的客观需求。

第三，确定了上海现代服务业发展的重点和区域发展的重点。同样，在上海服务业的发展过程中不可忽略政府所起的引导作用以及高端人才的积累和储备，大力引进外资、加快国际化建设。

2. 杭州经验

一是明确发展战略。杭州高度重视现代服务业的发展，在国内率先提出"服务业优先"的城市发展战略，始终坚持将"服务经济"放在杭州发展的首要地位。自 2005 年以来，杭州每年都召开现代服务业发展大会，有效推动了杭州从"服务业大市"向"服务业强市"的跨越式发展。

二是进一步健全相关政策。杭州出台了《关于实施"服务业优先"发展战略，进一步加快现代服务业发展的若干意见》，建立了较为完善的以现代服务业发展为服务对象的政策体系，为现代服务业的发展制定了完善的发展规划。此后，再次提出"十大产业""十项政策""十项举措"以进一步完善相关政策体系，初步形成了完整的现代服务业发展政策体系。

三是重点领域突出发展。以"比较优势原则"和"有所为，有所不为"的指导思想，"杭州确定了包括文化创意产业、大旅游产业、金融服务业、商贸服务业、现代物流业、信息与软件服务业、科技服务业、中介服务业、房地产业、社区服务业的现代服务业重点发展十大领域"。从全局上调整优化服务业结构，建立了针对不同行业进行区别指导的原则，进一步突出了重点产业的重要地位，以全新的思路发展现代服务业。

四是大力增加资金投入力度。杭州设立了杭州市服务业发展引导资金，其资金量逐年升高。该引导资金在加大财政资金投入的基础上，进一步鼓励社会资本的投入。该引导资金每年注入财政资金 10 亿元以上，标志着以财政资金为引导，社会资本多元化投入的体制已经基本形成。

五是组织体系和配套机制的推动建立。对于上述提到的十大服务业发展领域，杭州充分调整了专业领导小组，单独设立了服务业发展处，并将小组的组织部门充实到包含牵头的市委市政府在内的 28 个部门单位，在其领导下，下属主管部门相互配合，权责分明，统分结合，推进服务领域的快速发展。

六是融入考核体系，增强执行力。杭州在保证原有的绩效考核体系高效运行的基础上，将现代服务业发展的相关内容和考核指标融入对各级政府和多部门的绩效考核体系中，从根本上保证了相关部门对现代服务业发展的重视力度。

3. 天津经验

一是进行制度创新，逐渐消除现代服务业发展的体制性障碍，努力使现代服务业功能由自我完善型向区域发展型和服务型转变，现代服务业的发展模式由内生型为主向全方位开放型转变，城市功能由生产型向服务型转变。改革与创新的方向是：打破垄断，放宽市场准入限制，推进各类现代服务业市场化、社会化、产业化的发展，使天津真正成为中国北方大进大出、大集大散、对周边区域发展具有较强辐射效能的现代商贸中心。

二是实现服务贸易领域对外开放的突破，增强现代服务业国际化水平和国际竞争力。全面扩大现代服务业对外开放，将大大促进国际会展、旅游、中介服务等现代服务业的发展。通过引进国际知名大公司开设商业批发企业，吸引外商发展电子商务、现代物流等新型业态，更好地促进天津商业走向全国，进而走向世界，努力开拓国内国际市场，尽显天津对外开放的姿态。

三是加大天津北方金融中心功能建设，推动设立若干家中外合资保险公司、基金管理公司等，加快吸引各类内资金融机构落户天津。积极引进国际知名、经营实力强、管理技术先进、客户网络广泛的境外服务业企业，有针对性地吸引中国港澳台金融、物流、贸易、旅游以及中介服务等行业来津投资。鼓励有条件的企业实施"走出去"战略，努力发展设计咨询、对外工程和技术承包、劳务合作等服务业跨国公司。有关部门应在金融、保险、财税、外汇、法律、人才、信息服务、出入境管理等方面，为企业"走出去"开拓国际市场、扩大市场份额、提高国际竞争力创造必要条件。

四是依靠科技进步，提高现代服务业发展的科技含量。当前，现代服务业正呈现出国际化、技术化、标准化的趋势，传统服务业之间界限正逐渐消失。因此，加大科技在现代服务业的含量和渗透，在发展现代服务业的结构上，结合天津自身特点，优先发展技术含量高、关联性大的现代服务业，如信息服务业、现代物流业、旅游业、会展业等，并注意不同行业之间的交叉和融合，积极运用现代经营方式、管理手段和服务技术改造提高传统服务业，全面提升企业素质、管理水平和经济效益。

4. 北京经验

北京现代服务业发展规模居全国第一，金融业、信息业、房地产业、文化创意产业发展态势良好。其现代服务业发展的状况得益于市场机制与政府调控共同作用的结果。北京现有的高技术研发服务区、专业产业基地、文化创意产业园、金融街、CBD（中央商务区）、物流产业园等诸多基地和园区都是在其自然形成的过程中实施政府干预的结果，政府将现代服务业纳入城市发展规划、国民经济和社会发展规划以及专项规划中，为其发展提供空间载体，并提供人才政策、财政政策、基础设施建设和健全法律法规等环境措施以促进现代服务业发展。

5. 中国香港经验

中国香港是世界一流的国际金融、物流和商业运营中心，城市经济的主要特色就是围绕商贸展开现代服务业，发展模式是市场主导，政府只负责监管，而不是像新加坡和首尔一样由政府主导。因此，以中国香港现代服务业最具代表性的金融业为例，高度的自由化是其最显著的特征。金融自由化的经验主要体现在金融监管结构上。

第一，中国香港的金融监管结构主要体现在四个主要的监管机构上：香港金融管理局（HKMA）、证券及期货事务监察委员会（SFC）、佣金保险办公室（OCI）、强制性公积金计划管理局（MPFA），这些机构针对性负责调节银行、证券、期货、保险，以及退休金计划等各自行业，不受政府干扰。

第二，在坚持金融行业授权和自律的同时，香港金融管理局通过增强风险因素评估，以保证影响授权机构的任何问题在早期被发现和处理，提高金融体系抵抗风险的能力。但是，单纯由市场主导的弊端也很明显，弊端是在城市经济发展上受国际环境影响较大，缺乏自主性。

1.3.3　国内外先进经验比较

1. 对比存在的不足

综上所述，我国在发展现代服务业方面取得了明显的进步，但也存在诸多不足。

一是产业发展定位不明确。对城市定位不明确，即有的地方政府尚未明确将城市定位为工业化城市还是服务型城市。对三次产业结构定位不明确，对于究竟是形成"二三一"还是"三二一"的产业结构不是非常明确，有点摇摆不定。这导致经济发展实践中，第三产业增加值比重时而低于第二产业，时而高于第二产业。

二是品牌塑造缺乏过硬措施。发展现代服务业需要具有核心竞争力和自主知识产权的服务业强势企业、强势品牌做支撑。如何引导、扶持服务企业打造核心竞争力，如何引导、促进已有一定比较优势的服务企业进一步把品牌打响，如何促进一批强势服务品牌崛起，政府在政策、机制、体制等方面考虑得较少，缺乏大的行动，缺乏过硬的举措。

三是企业内部挖潜引导不够。政府有关部门在现代服务业的发展方面，在招商引资、企业扩张等方面给予的鼓励政策较多，有关改善内部管理、提升企业整体素质方面的鼓励政策较少。由此，现代服务型企业存在资源浪费、资源再利用率低的现象。政府亟须对此进行有力引导。

四是农村服务业发展薄弱。从地域空间上来看，现代服务业的发展呈现出较为明显的城区热、农村冷态势。不管是生产性服务业还是生活性服务业皆如此。现代服务业城乡发展极不平衡。

五是生产性服务业发展滞后。在西方发达国家，生产性服务业的增长速度一般都超出服务业的平均水平。《统计公报》显示，2017 年，我国第三产业增加值427032 亿元，占 GDP 比重达到51.6%，全国生产性服务业增加值占第三产业的比重在45% 左右。在发达工业国家，生产性服务业占服务业的比重一般在60% 左右。按照国际经验，每 1 元现代制造业增加值，相应有 1 元以上的生产性服务业为其提供配套服务。

2. 国内外现代服务业发展经验对长沙的启示

目前，长沙农产品现代物流集聚区建设取得了一定的成效，但无论是与国际大都市如纽约、伦敦、东京等相比，还是与上海、杭州、天津、北京等相比，都还有较大的差距。因此，应该根据现代服务业的发展趋势以及面临的环境、机遇和挑战，充分发挥长沙的优势，大力推进长沙农产品现代物流集聚区建设，进一步提升长沙现代服务业的水平。

一是定位必须明确。长沙现代服务业发展定位必须明确，要寻求适合本市发展环境的独特发展模式。综合上述分析所知，纽约采用的是中心区就地膨胀发展模式；伦敦采用的是城市中心、内城区、郊外新兴商务区的现代服务业集群多点发展的新模式；此外，北京和上海也采用了适合本市特点的发展模式。长沙是一座高消费的城市，拥有良好的商业文化氛围和现代化的市场体系。同时，长沙工业化过程中建立起来的相应的优势产业，为长沙现代服务业发展提供了必要的产业基础，为现代服务业与其他产业的良性互动发展提供了条件。因此，长沙应大力发展金融、物流、会展、电子商务、总部经济、技术咨询、工业设计等生产性服务业和商贸、餐饮、旅游、休闲娱乐、家庭服务、教育培训等生活性服务业。

二是坚持融合发展。长沙现代服务业发展必须坚持产业融合、产城融合的原则。将现代服务业、先进制造业和城市发展的最新成果及时互相转化。一方面，在产业协会管理框架下，将增强产业内中小企业融资功能与强化产业的专业化发展紧密结合，以通过建立产业投融资基金、专业担保公司、科技设备租赁服务公司等不同规模、不同形式的融资平台为切入点，不断提升长沙相关产业协会的地位与能力，从而促进先进制造业和现代服务业的产业融合；另一方面，明确地将知识经济的发展思想尽快转化成为促进长沙知识城市与知识产业有机结合的产城融合配套政策，将先进制造业和现代服务业的最新发展成果积极稳妥地应用于长沙国际化、信息化建设，从而在产业技术进步、人才引进和教育训练、资本组织和引导等诸多角度促使长沙政府政策的方向感更加明晰，使长沙区域经济中心城市的综合竞争力得到系统、协同的提升。

三是政府主导发展。长沙发展现代服务业应在坚持政府主导作用的前提下，进一步强化政府的危机意识和对全球产业市场需求变化的灵敏嗅觉。将主要以国外需求为导向转变为以国内、国外两个市场的需求为导向，引导长沙先进制造业和现代服务业双重升级。动态监测国际、国内两个市场的变化，在产业政策上建立两个市场主导与辅助作用的动态转换机制，从而始终保证实际市场对长沙先进制造业和现代服务业产业升级的正向需求。

四是政策制定应规范透明。长沙市政府的重大政策制定应具有国际化视野。首先，按照国际一流标准针对不同的相关领域组织若干专家小组独立对政策进行审议，以便随时发现和纠正政策中的不合理部分，解决长沙发展进程中的经济难题。其次，在战略制定之初即宣布倒推式进程表，以确立市场信心，并在战略目标实现的期限内及时公开披露每一步的成果。市场经济的发展程度、相关部门的监管体系、法治建设、统一的行业标准等因素构成的政策制度环境，在现代服务业的发展中发挥着更大的作用。

1.4 长沙现代服务业综合试点项目综述

1.4.1 基本情况

自 2011 年开始，财政部、商务部等部门在全国分三批选定 8 个省市开展现代服务业综合试点，充分发挥中央和地方的政策合力，采取先行先试、集成政策、重点支持等方式，积极探索服务业发展新模式，为全国提供可推广、可复制的示范经验。长沙于 2012 年 7 月获批成为全国第二批现代服务业综合试点城市。

长沙现代服务业试点获批以来，严格按照财政部、商务部、湖南省人民政府对推进长沙现代服务业综合试点工作的要求，坚持先行先试，不断聚集政策资源，创新体制机制，扎实推进项目建设，各项工作取得明显成效。

五年来，长沙按照财政部和商务部的要求，结合现代服务业发展实际，围绕打造 "全国农副产品交易集散中心" 的功能定位，以 "五性" (示范性、公益性、创新性、带动性、安全性) 为原则，以重大项目实施为抓手，审核实施了试点项目 143 个，计划总投资 200.2 亿元，实际完成总投资 206.7 亿元，完成 103.2%。通过试点项目实施带动，促进了农产品物流的率先发展，全市社会物流成本得到有效控制和降低，全市社会物流总费用与 GDP 比值由 2011 年的 18.3% 降低到 2017 年的 15%。2017 年，全市服务业实现增加值 5157.8 亿元，服务业增加值占 GDP 比重达 49.0%，比 2012 年提高 9.4 个百分点，服务业对经济增长贡献率达 56.7%。增速居全国省会城市第 6 位、中部省会城市第 1 位，实现了长沙现代服务业发展提速、比重提高、水平提升。同时，长沙连续 5 年在财政部和商务部组织的年度绩效评价中获 "优秀" 等级。

1.4.2 主要做法

长沙牢牢把握国家现代服务业综合试点的机遇，突破思维定式的藩篱，充分激发企业的创新活力，摸索出了适合长沙现代服务业发展的方法。

1. 政府推动、企业参与、社会关注，长沙试点工作氛围浓厚

一是成立组织机构，长沙成立了以市长任组长、常务副市长和分管副市长任副组长、各市直相关部门一把手为成员的现代服务业综合试点领导小组，试点领导小组办公室设在长沙商务局，下设综合组、项目组、绩效组、资金组、统计组及 6 个项目工程组 (市场交易升级工程、现代物流提质工程、电子商务建设工程、终端消费促进工程、农产品对外贸易工程、肉菜溯源工程)，协同配合做好试点工作。各区县 (市)、各开发园区也相应建立了现代服务业综合试点领导小组，以项目单位为核心，各区县 (市)、各开发园区为责任主体，由一把手牵头，组成专门的工作班子，负责对口联系、服务和监

管辖区内的重点试点项目，研究解决项目推进过程中的重大问题，着力提升服务试点项目的能力和水平。二是主要领导关注和政策支持，湖南省商务厅和财政厅领导对长沙现代服务业综合试点工作高度重视，多次到长沙指导，为试点工作开展指明了方向。长沙市委、市政府每年不定期召开市委常委会和政府常务会，专题研究现代服务业综合试点工作。同时，为配合做好现代服务业综合试点工作，长沙各部门在现代物流、电子商务、网络信息、金融、服务外包、对外贸易等方面出台了相关政策，市财政每年新增加数亿元专项资金用于现代服务业发展，为试点工作保驾护航。三是优化发展环境，长沙积极围绕农产品物流和集散交易，开辟多元化融资渠道，积极引导和鼓励金融机构扩大对大宗特色农副产品物流和集散的信贷支持，并与长沙银行签订了30亿元的信贷战略合作协议。深入推进"放管服"改革，各市直部门实施行政审批制度改革，精简审批管理事项，落实水电差价优惠政策，明确各项工作目标责任，及时协调解决问题，形成促进现代服务业快速发展的工作合力和长效机制。启动并实施了《长沙现代服务业发展规划》《长沙现代农产品物流发展专项规划》《长沙商业网点规划》等工作。强化法律和法规的监督执行，加强商务执法力度，促进流通市场的规范和有序运行，保障市场秩序有序运行。通过媒体、报纸等对试点工作进行多角度、全方位、深层次的宣传，形成政府全力支持、媒体广泛报道、企业积极参与、全社会高度关注的现代服务业发展的良好舆论范围，也为长沙现代服务业创造更佳的发展环境。

2. 机制健全、推进有方、考核有力，试点工作开展井然有序

根据长沙市委、市政府"要做好顶层设计"的要求，聘请专家团队制订了《长沙现代服务业综合试点实施方案》，明确了试点的工作目标，着力把长沙打造成为中部现代服务业龙头城市，建设全国农产品交易集散中心，实现服务业倍增计划。一是政策机制上，围绕"五大重点工程"，以"五性"（示范性、公益性、创新性、带动性、安全性）为基本原则，通过集聚政策资源、创新体制机制、探索改革路径、转化应用成果，构建并完善推进试点工作的整体框架，进一步明晰了工作思路。在此基础上，确定了"五定工作方针"（定项目、定功能、定方式、定班子、定资金），明确了"八步走"的工作程序（即发布信息、公开申报、部门初审、专家评审、政府批准、结果公示、资金拨付、绩效考核），进一步细化工作目标、责任分工和实施手段，使长沙现代服务业发展兼具整体性和可行性。二是工作推进机制上，建立长沙现代服务业综合试点项目申报指南、项目管理、专项资金管理、绩效考核、试点

专家管理等一系列制度办法，为项目推进保驾护航。建立了试点项目建设进度推进"月报表、季通报、年考核"的工作责任机制。同时，制定了试点领导小组周工作例会、试点领导小组联席会议机制，每年召开试点工作推进大会、开展项目建设大竞赛、"回头看""三抓三促"等一系列试点工作和项目督查活动，并不定期召开市长现场观摩会，对困难较大、需要高位协调的重大问题，以市长交办函的形式分发给相关单位，限时协调处理好，形成了"分级调度，逐级上报"的调度机制，确保工作实效。三是考核机制上，对政府部门和单位，建立健全现代服务业工作绩效考核制度，建立定期报告和通报制度，将现代服务业综合试点工作情况纳入各区县（市）政府、各开发园区管委会年度绩效考核范畴。同时，将部分重点试点项目列入省、市级重大商务项目和"两帮两促"项目，进行统一调度、"一对一"帮扶和重点考核；对试点企业建立了试点项目进入、退出机制以及年度绩效评价机制等。

3. 方式创新、管理顺畅、保障有序，工作有效，成果可圈可点

在日常工作的推进中，长沙对试点工作的一些具体工作操作方式和制度进行了创新，取得了较好的效果。一是在项目管理上，长沙商务局与每个试点项目单位签订《项目合同书》，并根据不定期督查和年度绩效考评情况，对试点项目实行动态管理，重点将绩效评价结果与项目补助资金安排、拨付直接挂钩，对评为"优"的项目增加资金支持额度，对评为"差"的项目责令整改，整改不到位的取消试点资格，停止补助资金拨付并追回已拨付的试点补助资金，确保了财政资金安全、高效。二是在资金扶持方式上，长沙除以奖代补、贷款贴息外，还积极探索参股控股、产权回购回租、公建配套等多种形式，改建和新建了一批具有公益性质的农产品批发市场、农贸市场、社区菜市场、菜店等，形成了政府参股控股的"米市""肉市"和"菜市"，进一步确保了市场的长期公益性，既有效保障了农贸市场的公益性，又有利于国有资产的保值增值，取得了良好的效果。同时，在《长沙现代服务业综合试点专项资金管理办法》中明确规定"采取股权投资方式进行补助的试点项目，可适当增加资金补助金额"，以推广股权投资支持方式。三是在资金拨付方式上，严格按照《长沙现代服务业综合试点专项资金管理办法》的要求，指导企业按照相关程序进行资金补助申请，加快资金拨付进度。余下资金将作为项目验收奖励资金。同时，对试点资金坚持实行"合同制约、分期拨付、责任考核、动态管理"，将项目补助资金拨付至试点项目单位与试点领导小组办公室开设的"双控"账户，再按项目进度从"双控"账户中分批拨付资

金，并对试点项目补助资金使用进行全程监管。项目验收合格后，再拨付补助资金总额的 30% 。既加快了试点资金的拨付进度，又保证了资金的使用安全。

4. 验收提速、总结提升、亮点突出，"长沙模式"理论体系初见雏形

试点以来，长沙聘请了第三方专业机构全面开展项目立项评审、年度绩效考核、验收工作和亮点总结提升工作。一是专家团队服务方面，汇聚了我国商贸物流权威专家、原商务部专家组组长、中国人民大学黄国雄教授，我国著名物流专家、财政部特聘专家、中国物流与采购联合会副会长贺登才研究员，我国著名物流专家、国家发展和改革委员会特聘专家、北京工商大学何明珂教授，我国著名流通经济专家、商务部特聘专家、北京工商大学洪涛教授，我国著名流通经济专家、湖南省现代流通理论研究基地首席专家、湖南省院士专家咨询委员会委员、湖南商学院柳思维教授，我国著名产业经济专家、湖南省院士专家咨询委员会委员、湖南省经济学学会理事长刘茂松教授等一批在国内具有权威影响的著名专家，并成立了专家委员会，提供了专业智力服务。专家委员会权威专家的指导意见和观点，成为长沙市委向广大党员干部宣传现代服务业的有力理论武器，主要成员先后围绕服务业试点，分批多次来长沙进行了指导。二是在验收工作方面，制订了《项目验收工作方案》及《项目验收实施方案》，开展了验收培训会，建立了试点工作微信群，为企业验收及试点其他工作答疑解惑。加强对项目单位验收工作的指导，加快验收工作进度，力争做到建设一批、验收一批、推广一批。目前，143 个试点项目已全部完成验收工作。三是在总结提升方面，按照《项目合同书》的规定，要求各试点企业做好课题研究任务，提交总结性研究报告，并做好试点工作专项调查问卷。为鼓励和提倡项目单位加大力度对本项目进行亮点提升，市试点工作领导小组办公室在后期还将对有亮点和经验总结较好的项目单位在考核奖励上进行优先考虑。充分挖掘项目单位的工作亮点，征集并整理一批优秀试点企业案例，编制《试点项目典型案例集》，便于试点企业相互借鉴与学习。邀请专家对综合试点工作进行科学总结，出台了《现代服务业发展研究报告》，为上级政府领导决策提供参考，在全省乃至全国形成可推广、可持续的试点经验。长沙商务局还与专家团队紧密合作，发表了《经济新常态下农产品终端流通模式选择及其策略》《构建互联网 + 农产品流通长沙模式的战略思考——长沙现代服务业综合试点的探索和创新》等多篇论文，努力打造现代服务业发展的"长沙模式"。

5. 渠道广泛、形式多样、宣传引导，服务业快速发展

深入总结现代服务业综合试点在标准创新、业态创新、模式创新和技术创新等方面取得的成绩，做好理论提升，促进产业发展，形成在全国可推广、可持续的试点经验。一是搭建自有平台及宣传窗口。创办了长沙现代服务业综合试点专题简报，开设了现代服务业综合试点微信公众平台，同时，通过商务系统官方网站将试点工作动态、项目建设进度等重要信息通过简报和公众平台进行宣传推广，促进试点工作顺利开展。目前，已累计编印现代服务业综合试点简报 150 期，通过各类平台发送试点工作信息 400 多条。二是聘请第三方服务机构。委托专业公司对长沙现代服务业综合试点进行形象设计，以统一的标识对外宣传，树立长沙现代服务业综合试点的鲜明形象。与长沙摄影家协会携手完成 "现代服务业综合试点成果摄影大赛"，制作高标准的、具有长沙现代服务业品牌代表的宣传片和宣传画册，以扩大社会影响力。三是借助新闻媒介力量。充分发挥广播、电视、互联网络、报刊等各种新闻媒体对长沙现代服务业发展和试点工作的宣传推动作用，利用各类媒体对试点成果进行集中宣传，营造舆论氛围。自试点工作开展以来，长沙在《经济日报》《香港文汇报》《中国商报》《国际商报》及《长沙晚报》等多家报刊媒体上对长沙现代服务业试点进行了宣传报道。宣传报道累积达到 500 余篇。四是开展招商推介活动。长沙注重通过重大活动，扩大长沙服务业影响力。先后组团赴香港和上海等地开展了招商活动，专题推介了包括试点项目在内的一批现代服务业项目，签约 70 余个服务业项目，投资总额达 600 亿元，有力地提升了长沙服务业的影响力。

1.4.3 试点成效

随着现代服务业综合试点工作的顺利推进和一大批农产品流通领域重大项目的实施，长沙已基本建成了 "全国农副产品交易集散中心"。

1. 倾力打造一批园区

长沙作为 "一带一部" 的核心增长极，认真贯彻中央和省市部署，主动适应把握引领经济发展新常态，着力推进服务业供给侧结构性改革，着力打造一批辐射作用强、示范作用明显的园区。一是打造一批农产品物流园。作为长沙现代服务业综合试点中的一支中坚力量，湖南粮食集团按照 "大粮食、大物流、大产业、大市场" 的整体发展思路，充分利用其区位优势，倾力打造集多功能于一体的中南粮食交易物流园，开通了 "北粮南运" 铁路散粮运

输专列，至此，中国连接南北主要粮食产销区的铁路通道已全面打通。长沙同时围绕建设区域性中心城市目标，稳步打造以马王堆蔬菜批发市场为核心的"南菜北运"中心，以红星冷链为核心的"西果东运"中心等多个现代农产品物流中心，充分彰显其对周边省市的示范带动作用。二是打造一批电子商务产业园。作为新的经济体，电子商务有着巨大的发展潜力，也将加速推动长沙经济的发展和转型，为此，我们着力推进建设一批现代电子商务园区。雨花电子商务物流园融多种功能于一体，为企业提供物流电子商务运作公共平台，建成后将成为辐射中南地区的国家级区域现代仓储、物流配送、电子商务枢纽中心。高新区移动电子商务产业园是长沙现代服务业发展规划中另一重要战略布点，园区深入开展移动电子商务产业园"二次创业"，致力于打造中国移动电子商务总部基地。

2. 致力融合两种模式

长沙现代服务业综合试点工作着眼于线上与线下、现货与期货相结合的交易模式创新，满足农产品贸易的多层次、多规模、多种类、多变化的需求，创新驱动迈出新步伐。一是线上与线下。市场的兴旺发达加上政府的合理引导，促使长沙电子商务产业呈现质优量增的发展势头。鼓励传统商业步步高、家润多等企业从线下走到线上，扶持快乐购、网上供销社等企业从线上走到线下，拓展销售渠道。如网上供销社采用"实体＋网络"模式，线下建立"菜伯伯"放心农产品社区店，线上开通网上供销社商城。二是现货与期货。南方大宗农产品交易中心是采用现货与期货交易模式最为典型的案例，其农产品"一户三通"的交易模式是全国首创。

3. 努力建设三级市场

长沙本着"公益性、示范性、带动性"的原则，从三个层次对农贸市场进行了提质改造，坚持政府推动、市场引导，新建了一批市场，确保了新市场的设计、建设、管理、配套均达到一流水准。不断增加政府对具有公益性质的流通基础设施的投入，分三个层次对农贸市场进行了提质改造。全市提质改造农贸市场207家，新建101家，提质99家，加固7家，总建设面积约32万平方米，各级财政投入约5亿元。对大型农贸批发市场，以股权投资、以奖代补等方式支持建设，形成了政府参股控股的"米市""肉市"和"菜市"，使长沙成为中南地区最重要的农副产品输入输出节点和流通集散中心，中心地位日益巩固，辐射范围日益扩大。对县（市）批零兼营市场，以市、县两级政府控股或参股的形式，新建或提质改造了宁乡市大河西农产品批发市场和浏阳市农贸批发大市场等项目，重点解决农产品"卖难"的问题，完成了"农贸对接"，发挥区域带动性，形成了地域性农产品集散地。同时，由长沙商务局与农贸市场签订项目合同，强化监管，确保市场公益性。对社区农贸市场，以全资投入、政府回购或回租等方式控制产权，使农贸市场在国有资本的调控下体现公益性。由此从点到线再到面，从各个层次、各个角度对三大市场进行改造，加以整合，开创长沙现代商品交易市场新局面。

4. 着力构建四项机制

为了促进现代服务业发展，激发并保持企业发展活力，让长沙成为现代服务业发展的后起之秀，长沙市委、市政府做了以下举措。一是构建新型物流机制。长沙致力于产业链的延伸，完善现代物流服务功能，鼓励企业提供集仓储、运输、加工、包装、配送等一体化的全程物流综合服务。如"天骄动车"城市物流公共服务平台等第三方物流平台项目利用云计算、物联网技术，为农产品建立电子档案信息、全程追踪溯源系统等，充分满足生产基地、农产品流通企业及消费者对物流快速响应的个性化需求。二是构建公共服务机制。长沙坚持以服务协同、资源共享、数字应用等为重点，建设农产品物流公共综合信息等要素并进行网络化管理。长沙消费公共平台项目（鹰皇），以线下实体商家提供线上推广服务，在市商务局主办的第六届"福满星城"购物消费节中，为商家带来客流近1000万人次，拉动本地消费增长超过100亿元。三是构建科技创新机制。长沙重点支持农产品物流企业的信息化建设，引导企业开创电子化交易结算模式，支持试点企业采用高科技管理、交易手段。如长沙肉菜溯源体系采用猪肉灼刻激光码和电子化结算管理，有效保障了数据采集的真实性，实现了肉品来源可追溯、去向可查证、责任可追究，形成安全的供应保障渠道。四是构建融资支撑机制。长沙积极围绕农产品物流和集散交易，开辟多元化融资渠道，积极引导和鼓励金融机构扩大对大宗特色农副产品物流和集散的信贷支持。如长沙商务局与长沙银行签订了授信30亿元的战略协议，为现代服务业综合试点企业群提供金融支持。长沙中小商贸流通企业服务中心与民生银行建立战略合作，共建长沙小微企业服务平台，为中小型企业提供融资贷款服务。

5. 全力推进五个体系

长沙借力现代服务业综合试点，着力构建五个农产品现代物流体系，降低物流成本，提高物流运行效率，形成新的发展趋势。一是推进农产品冷链物流体系建设。试点支持冷链物流硬件设施和信息化建设，探索政府支持、行业组织协调和企业共同努力的农产品冷链物流体系。截至 2016 年年底，全市已新建约 300 万平方米的常温仓库，在建/拟建的约 200 万平方米。全市已建成投产冷库容量总计 60 万吨；拟建/在建冷库容量总计 30 万吨。完全能满足长沙的需求及辐射功能的需要。二是推进农产品物流人才支撑体系建设。长沙高度重视人才的培养与引进，构建了汇聚物流行业专家、学者的物流专业人才数据库，积极与湖南商学院工商管理学院、湖南现代物流职业技术学院交流合作，以"人才强商商务大课堂"为平台，开展"人才强商"工程和"商务大课堂"等培训活动。2014 年 8 月，长沙商务局还组织全市商务系统相关人员远赴新加坡参加"现代服务业发展专题研修班"，有效提高了从业人员的国际视野。三是推进农产品物流区域联动服务体系建设。构建区域重点物流园区系统的连通端口，增强长沙农产品物流辐射功能，扩大物流服务范围。"湘品出湘"湖南省湘品名优商品配送基地建设项目采用"实体 + 网络"的营销模式，带动产业提质、就业增加、流通效率提升，通过网络对农产品进行展销，直接拉动周边区域经济发展。四是推进农产品物流配送无缝对接体系建设。长沙注重加快发展铁路、水路、公路的多式联运，提高农产品在长沙的中转、分拨能力，增强长沙现代农产品集散中心的辐射力和影响力。试点创新实体 + 网络、主仓 + 分仓、基地 + 直供等模式，实现物流配送无缝对接。如中南粮食物流园建设铁路专线及粮食专用码头，物流园"公、铁、水"三种运输方式无缝对接，有效推动粮油饲料物流"四散化"（散储、散运、散装、散卸），使粮食运输损耗率降低 15%。五是推进农产品物流标准化体系建设。长沙推进物流信息化、标准化建设，建立标准的农产品物流信息查询系统，整合农产品物流信息，实现物流交易的信息化、网络化和标准化。试点积极引导项目单位对接执行国家商务部制定的商贸物流标准化体系，如艾尔丰华基于物联网核心技术的农产品质量安全监控体系等项目的建设，计划总投资超过 2 亿元，有效提升了农产品安全系数；晟通物流由传统仓储中心向多功能、一体化的综合物流服务商转变，积极参与托盘公共应用系统建设。

1.4.4 试点工作取得的经验

1.4.4.1 政策机制强拉力

一是完善了试点顶层设计。聘请专家团队围绕"五大重点工程"，以"'五性'基本原则"为指南，构建了推进试点工作的整体框架，明晰了工作思路。同时，制订了《长沙现代服务业综合试点实施方案》，确定了"五定工作方针"，使长沙现代服务业发展兼具整体性和可行性。

二是制定完善了《长沙现代服务业综合试点项目申报指南》《长沙现代服务业综合试点项目管理办法》《长沙现代服务业综合试点项目资金管理办法》等一系列规章制度，并以新闻发布会等形式向社会公布。建立了试点工作的日常工作制度、专家委员会制度、信息通报制度及项目竞争机制、定期督查机制、动态管理机制、综合推进机制等。构建并完善推进试点工作的整体框架，进一步明晰了工作思路。

三是出台了现代服务业发展相关政策。长沙市委、市政府每年不定期召开市委常委会和政府常务会，专题研究现代服务业综合试点工作。市各部门在现代物流、电子商务、网络信息、金融、服务外包、对外贸易等方面出台了相关政策。启动并实施了《长沙现代服务业发展规划》《长沙现代农产品物流发展专项规划》《长沙商业网点规划》《长沙人民政府办公厅关于促进电子商务产业发展的有关事项的通知》《长沙人民政府办公厅关于促进现代物流产业发展有关事项的通知》《长沙现代服务业发展行动计划（2015—2017 年）》《关于进一步加快发展现代服务业的实施意见》等工作。长沙将发挥"人才新政 22 条""工业 30 条"、科技创新"1＋4"、开放型经济"2＋4"政策体系的叠加效应，深化"放管服"改革，以优良的营商环境和法治环境不断培育开放崛起的竞争新优势。通过长沙政府层面的大力支持，形成了良好的现代服务业综合试点氛围，在产业、人才、体系等方面形成对接，有力拉动了现代服务业综合试点成效的进一步提升。

1.4.4.2 点面结合扩张力

1. 供给侧结构性改革带动区域农产品物流发展

现代服务业供给侧结构性改革旨在推动服务业向高端化、品质化、集约化转型升级。长沙着力打造中部现代服务业龙头城市，建设全国农产品交易集散中心，以中南粮食交易物流园为核心项目的"北粮南运"、马王堆蔬菜批发市场为核心项目的"南菜北运"、红星冷链为核心项目的"西果东运"等中部地区农产品物流集散枢纽为重点，初步形成了中南地区的"米市""肉市"和"菜市"。以肉菜、零食、种子、茶叶等重点农产品领域的物流体系建设为主线，建立健全全链式的物流体系；以本土农产品推介为方向，打造了快乐购、友阿、步步高、淘宝网等本土特色农产品电子商务平台；以便民化、便捷化为指导，培育了汇米巴、家润多、老百姓、养天和等一批具有一定影响力的本土服务品牌，由原有单一的生活性服务业向精细化和高品质转变，增加了公共产品和公共增值服务供给，更好满足广大人民多样化、多层次的需求；以内外贸易融通为要求，建设了跨境电商等一批外贸项目，实现了破零增长，提升了长沙农产品对外贸易的发展水平。这批重点试点项目的打造，有力地提高了长沙生鲜、食品及其他农产品市场供给侧对需求侧变化的适应性，为长沙"米袋子""菜篮子"提供了重要保障，也进一步促进了长沙以农产品物流为代表的现代服务业发展提速、比重提高、水平提升。

2. "点面结合"助力打造商贸物流标准化城市

长沙试点以打造全国性的农产品集散中心为目标，依托农产品资源优势，坚持因地制宜、集聚发展的原则，面对经济新常态，用"转型升级"作为指导思想，初步形成了"点、线、面"相结合的现代农产品物流体系，集散中心辐射影响力快速增强。在"点"上，引导企业等各类投资主体投资建设、改造农贸市场或社区菜市场等现货农产品零售网点。重点打造了"五全便利店""五健大药房"等生活便民服务点，为解决消费"最后一公里"的问题进行了新的探讨；在"线"上，重点扶持了一批龙头物流项目的发展，打造了源山冷链、广联生猪、红星冷链、中顺冷链等一批冷链项目，切实有效推进全市农产品冷链物流设施资源的整合和功能提升。预计试点结束，长沙农产品冷链库容量将达到 100 万吨；在"面"上，以现有的水、陆、空等便利交通网络线为依托，逐步形成了黄兴片区的马王堆、红星、家禽等综合市场群、金霞片区的湖南粮食交易市场群、河西片区的金桥国际、大河西农副产品等市场群，并以市场群为中心形成物流园区和物流配送网络体系。同时，通过鼓励晟通公共物流平台、快乐购供应链、步步高、苏宁等一批城市共同配送物流项目及企业自有物流的发展，提升了长沙共同配送水平及服务辐射能力，有效地节约了资源，降低了物流成本；积极促进"天骄动车"城市物流公共信息服务平台、湖南冷链物流公共信息服务平台等项目的建设，实现了城市物流配送过程的透明化和可实时跟踪查询，达到了城市物流配送有效信息的共享共用。这为长沙积极创建全国性的商贸物流标准化城市，努力探索长沙城乡物流网络及商贸物流标准化、提升商贸物流平台和物流园区服务功能、创新发展电子商务物流等方面夯实了基础。

3. 做大做强农产品加工业促进农业全产业链上下游延伸发展

通过扶持上下游农业产业链，激活涉农主体的"造血"功能，惠及产业链上下游农户，培育壮大农业龙头企业，有力促进了现代农业发展。如沃园紫色食品项目将电子商务等现代信息技术和商务手段引入现代农业及现行的紫、黑色产品生产、经营中，通过产品物流、电子商务系统的动态策略联盟，建立起适合网络经济的高效能的紫黑色产品生产营销体系。实现服务 "三农"，促进农业增产、农民增收。惠农科技项目以建设农业移动电子商务综合服务支撑平台为主体，将县域内农民专业合作社、种养大户、家庭农场、农产品加工经营企业等农业产业及产品资源集中入驻互联网，勾画县域农业 "经济地图"，打造县域农业 "经济名片"。果之友利用公司在果蔬流通行业的龙头优势，率先在全国打造果蔬冷藏、检疫检测及配送方面冷链物流标准化体系建设，从果蔬采购、质量检测、基地选择、产品包装、产品运输到配送等节点建立一整套完整的标准流程、管理体系，确保果蔬产品从源头至消费者过程中的质量安全和品质，实现产销无缝对接。

积极创建农业产业化示范基地，推动原料生产、加工物流、市场营销等一、二、三产业融合发展。建立健全优质高效的农业社会化服务体系，完善农用物资供应及农副产品的储存、包装、流通、配送、销售和物流增值等配套服务，做强做优区域化、特色化、品牌化的农业主导产业。长沙大河西农产品物流中心以市场为核心，与周边农户、种养殖大户和农业合作社建立合作关系，进行农产品产销对接合作。同时，发展畜禽屠宰加工产业，引进大型农产品物流配送公司，在市场内建立物流配送点，发展物流服务业。在项目的带动作用下，实现了第一产业、第二产业和第三产业深度融合发展。

1.4.4.3　创新发展添动力

1. 抢抓 "一带一路" 国家倡议，增加服务业的有效供给

作为 "一带一路" 重要节点城市、"一带一部" 首位城市，加快开放是长沙的现实选择与必由之路。长沙着力打造内陆开放新高地，引领和带动湖南开放崛起。按照湖南省委、省政府的要求，为打造湖南开放型经济发展新格局，适应 "大规模走出去和高水平引进来" 的对外开放新常态，长沙试点项目积极发挥自身项目和资源优势，通过融通内外、调整结构，促使长沙外向型经济提速，积极稳妥、精准高效地与我国 "一带一路" 经济无缝接轨。一方面，实施外贸 "破零倍增" 工程，有力促进长沙外贸进出口增长的提速。通过打造 "湘品出湘" 品牌，引领本土特色农产品企业 "走出去"。如隆平高科、湖南袁氏种业等企业凭借杂交水稻这一核心优势，从援外培训、杂交水稻种子出口到当地化育种的全程服务，在东南亚以及非洲享有较高声誉；金洲、中茶、沩山、怡清源等湖南本土茶叶企业创立了 "金洲茶叶 shennun

神农""湘茶""沩茶""1308 手筑茯黑茶"等品牌，并通过自身渠道及平台，将湖南茶叶推向俄罗斯、德国、英国、罗马尼亚、法国、波兰等地。另一方面，部分试点企业和项目凭借"一带一路"经济带的发展机遇，将国外的优质农产品源源不断输入国内，有效地加快了长沙"引进来"的步伐。如马王堆、红星、大河西等农产品交易市场通过建立蔬菜、水果、家禽及肉类专业市场区，将澳大利亚、欧洲及东南亚等地进口鲜活农副产品源源不断运往湖南；果之友通过建立国外水果基地，将精品榴莲、车厘子、红心火龙果等进口水果运往长沙。

2. 加大创新推动服务业的转型升级

一是依托移动互联网、物联网、大数据、云计算、VR（虚拟现实）等智能制造技术，引领服务业新业态、新模式。在国家大力鼓励"大众创业、万众创新"的背景下，长沙试点企业积极创新，利用"互联网＋农产品流通"模式，凭借高新技术，国家、省、市相关政策等有利条件，将相关传统产业推向现代服务业转型升级发展，部分项目实现跨界创新融合发展，取得了较好的效果。在经营模式创新上，引导试点企业探索线上与线下结合、期货与现货交易结合的模式，在稳定物价、保障市场供应、降低物流成本等方面做出了积极探索。如湖南粮食集团着力于现代信息技术与先进物流管理的融合发展，打造集粮油储备、粮油加工、市场交易、产品配送、期货交割、信息服务、研发检测等功能于一体的现代粮食物流综合平台——湖南金霞现代粮食物流园，形成全国乃至国际性的粮油饲料信息、价格、集散、交易中心。在完善消费终端方面，依托家润多和步步高两家大型连锁品牌超市，着力打造"五全便利店"（即"五分钟到达、购买便利、服务功能齐全、安全放心"的便利店）和"五健大药房"（"539＋1"标准，即五项健康服务、三个执业师、九项养生保健服务功能、一个便民服务区）。五全便利店，是长沙五全便利店的拓展。无人超市的出现，是基于现代科技发展和消费者生活方式多元化的产物，而零售业整体也会随着消费者越来越"多元化、科技化、时尚化"而加快更迭，助推消费升级。

二是积极鼓励企业发展跨境电商业务，积极拓展跨境贸易、跨境投资、跨境服务业出口。大力发展对外贸易，特别是培育互联网经济，构建强大的电子商务主体，通过跨境电商、仓储商业来带动实体经济发展，提高外贸依存度。长沙积极开展跨境电商试点，先后搭建了金霞保税中心跨境电子商务、涉农跨境数字营销平台等一批涉农跨境电子商务平台，并通过支持建设汉方生物检验检测、浩通农产品进出口通关代理等一批农产品外贸公共服务平台，确保产品质量符合国内外质量标准，打破国外贸易技术壁垒，降低了农产品企业通关成本，有力保障实现一条龙快捷进出口。跨境电商改变了外贸企业的传统经营方式，已初步形成了新的业态模式。如通过中部进出口加工物流中心项目的实施，引领了跨境电商、保税展示等新兴产业的发展，打造了跨境贸易全产业链的高端优质服务，引进了一批跨境贸易服务企业，通过对多个关键服务的开发与集成，形成了对湖南省乃至中部地区的开放型经济的带动能力。果之友项目通过公司海外直采基地将海外生鲜"引进来"，通过国内直采基地将国内生鲜"走出去"，通过全国销售网络实现与实体店等的多渠道扩张，并通过生鲜仓配中心直达消费者，实现生鲜全产业链一体化服务。

三是推动传统产业转型升级，嫁接电子交易平台。步步高、家润多、友阿、苏宁等传统商业以"线上+线下"为模式，利用原有的实体店优势，打造自有电商平台，尝试发展农产品预售、众筹等现代交易方式，将农产品为代表的商品销往消费者和顾客手中，推动消费加快升级。实施"湘品出湘"，打响湘茶、湘绣、湘菜等"湖南老字号""湘字号"品牌。推进"互联网+商贸流通"，拓宽"工业品下乡"和"农产品进城"双向流通渠道，保障"田间"到"舌尖"的安全。火宫殿、金太阳、杨裕兴、德茂隆等老字号，通过改善企业的硬件和软件环境，实行标准化生产、统一配送，进一步突出湘菜菜品质量和湘菜文化氛围，提升湘菜品牌的知名度和影响力，有效地促进了老字号的转型升级；佳宴、千壶客等生产型企业，通过建立电子商务平台、对外销售平台，将本企业生产的产品快速销往外地，直至出国。试点项目的创新性、多模式、跨界式发展，也强有力地带动了长沙通信、物流、仓储、商贸等其他相关行业的发展，延长了服务链条，拉动了长沙第三产业的快速发展和升级。快乐购和湖南中农传媒有限公司（以下简称中农传媒）利用自建平台和第三方公共平台，实现"电视媒体+互联网+特色农产品销售"的整合营销渠道模式，拉动邵阳的龙牙百合和金银花、武冈豆干、湘潭湘莲、张家界葛根粉丝、湘西腊肉、湘乡和新化红米等特色农产品产业链，直接带动周边区域经济发展。

1.4.4.4　多方联动增拉力

1. 政府主导推动

长沙积极创新工作方法，提高工作效率，提升工作水平，不断顺应新的形势，发挥主导作用，确保试点工作有序有效推进。一是完善顶层设计。结合长沙发展实际，紧扣"全国农副产品交易集散中心"的功能定位，根据长沙市委、市政府"要做好顶层设计"的要求，长沙商务局聘请专家团队围绕"五大重点工程"，以"五性"为基本原则，通过集聚政策资源、创新体制机制、探索改革路径、转化应用成果，构建并完善试点工作的整体框架。在此基础上，确定了"五定工作方针"和"八步走"的工作程序，以试点项目为载体，促进相关现代服务业资源要素集聚。二是建立工作机制。长沙成立了以市长任组长、常务副市长和分管副市长任副组长、各市直相关部门一把手为成员的现代服务业综合试点领导小组，建立了试点工作领导小组联席会议机制；各区县（市）、各开发园区也建立了试点项目推进工作责任机制，着力提升试点项目的能力和水平。创办了《长沙现代服务业综合试点工作简报》，打造了一个工作交流平台，以反映工作动态，交流工作经验，探讨工作方法，推进项目建设。三是创新支持方式。长沙积极探索以参股控股、产权回购回租、公建配套等多种形式，改造和新建一批具有公益性质的农产品批发市场、农贸市场、社区菜市场、菜店。如试点项目中的马王堆、新五丰等农产品市场，均采取股权投资的方式进行支持，既有效保障了农贸市场的公益性，又有利于国有资产的保值增值。四是开展专题培训。以"人才强商商务大课堂"为平台，开展现代服务业专题培训，提升全系统从业人员水平。坚持培养与引进相结合的原则，大胆使用和培养年轻干部，建立了一支反应迅速、敬业精神良好的工作队伍。

2. 企业积极参与

通常，在市场化程度较高的地区，政府和企业易于形成效率较高的良性互动，并由此实现要素与资源空间配置的效益最大化。长沙政府将政策的扶持与引导建立在市场经营主体的自愿基础之上，尊重市场经济规律和投资决策主体，不搞行政权力强制性干预，通过符合国家导向和当地实际的政策措施来落实产业集群的建设。政府发挥了推动产业集群发展的作用，把有限资源向它们倾斜，扶优扶强，使优质企业、大企业产生更多的配套需求，强化产业链延伸和相关行业配套的拉力，从而带动中小企业发展。长沙海吉星国际农产品物流园开业一周年，蔬菜批发量已跃居全国第二位，仅次于北京新发地农产品批发市场。以海吉星为中心，半径约 10 千米的长沙城区东南区域，自发聚集了黄兴冷链、德润冷链、果之友冷链配送等企业，形成了农产品冷链冷冻产业集群，辐射带动长沙农产品冷链物流发展。

　　长沙商务部门积极引导通程、友阿等本土大型传统商贸龙头企业转型升级，不断满足消费新需求。推进互联网、云计算、物联网、移动通信等现代信息技术在商贸流通领域的应用，加快培育"智慧商店""智慧商圈"和"智慧流通"。同时，每年举办"福满星城"购物消费节和系列促消费活动，消费活力得到有效释放。

　　长沙商务部门加快推进四大市场迁建和提质改造工程，长沙海吉星国际农产品物流园项目二期顺利摘牌并完成备案；长沙家禽批发市场项目活禽交易板块实现试营业；长沙红星农副产品全球采购中心项目一期全面启动建设；高桥市场片区提质改造项目稳步实施。长沙农产品物流中心项目一期创造了一年内（2015 年 4 月—2016 年 4 月）从平地到市场竣工并成功开业的发展奇迹，实现了从马王堆到海吉星的成功跨越。

　　政府投资建设大型农贸市场项目更是着重强调公益性，将市场定位于利民的公益性项目、便民的"菜篮子"消费终端、区域内农产品批零兼营的集散地、农产品质量安全示范市场，突出市场交易、食品检测、信息发布、加工配送、平抑物价、安全溯源、信息统计、防灾应急等功能。其中，由长沙望城区城市建设投资集团有限公司投资建设了中华岭、湘江、桑梓、银星、金沙、香桥六个子农贸市场项目，着眼于充分满足群众需求，创新"农＋超＋自产自销"管理模式，打造惠及民生的标杆项目。

　　长沙大河西农产品物流中心建立了"政、企、商、农合作共赢"的全新机制，实现了投资主体的多元化。按照政府引导、企业主导、商户入股和农民土地合作的总体思路，现已开业的蔬菜市场中，政府占股 23％、企业占股 51％、商户占股 20％、农民流转土地占股 6％，通过凝聚各方合力，有效推进了市场发展。同时，这一模式通过复制、放大，已经为整个市场集群的快速发展做出了榜样。

　　湖南思洋特色农业全网大数据产融公共服务平台项目通过产业聚商盟活动，培养各商圈抱团发展，建立起苗木聚商盟、湖南食品聚商盟、湖南工业品聚商盟、邵东箱包聚商盟、株洲服装聚商盟、岳阳浮漂聚商盟等 10 个线上线下商圈。通过与湖南省经信委、湖南省商务厅合作，采取"互联网＋特色产业""互联网＋商贸市场""互联网＋工业园区""互联网＋农村青年"等方式开展培训活动，研发移动电商培训服务平台"电商第一站"，开设电商战略定位班、电商效果运营班、电商文化塑造班、99 元精品课等线上培训课程。通过与湖南省教育厅就业创业中心合作，联合各大高校，对省内应届大学生进行电商创新和创业就业指导，提供电商创业平台、办公场地、创业导师，培养了一批适应市场需求的电子商务服务创新创业人才。

此外，大灾面前体现担当，长沙商务系统有序有效推进长沙抗洪救灾工作。长沙商务局积极统筹安排，发动100多家企业捐款捐物。政府领导干部带队深入一线，带去关怀和救灾善款，充分体现了商务系统企业，特别是广大试点项目企业强烈的社会责任感和担当精神。

3. 专业机构智力服务

长沙承担国家现代服务业综合试点工作是一项对农产品流通与物流体系建设发展的全面系统的探索性和开创性的工作，需要扎实做好理论思想和实践探索的工作。在对外公开招标的基础上遴选第三方专业服务机构，为长沙现代服务业综合试点工作提供了有力的专业理论支持和专家智力服务。一是为项目试点建设提供专业理论支持和专家智力服务。为了充分提升现代服务业试点工作的理论性、创新性和影响力，发挥专家委员会对试点工作的指导、决策、咨询作用，强化专家对项目建设的指导。二是充分发挥专家委员会的专家智慧。专家委员会对接试点工程组安排了专家小组，积极参加相关试点项目的有关工作会议，在多次会议上都能积极发表思想观点、提供专业材料、提出合理化的建议，参与相关材料的研讨、撰写和完善修改，贡献了专业智慧。三是为推进试点工作进行特色凝练及总结提升。充分挖掘项目单位的工作亮点，编制了《试点项目典型案例集》。科学总结试点工作，出台了《现代服务业发展研究报告》，发表了多篇论文，努力打造现代服务业发展的"长沙模式"。

4. 金融创新支持

长沙积极围绕农产品物流和集散交易，开辟多元化融资渠道，积极引导和鼓励金融机构扩大对大宗特色农副产品物流和集散的信贷支持，并与长沙银行签订了30亿元的信贷战略合作协议。为配合做好现代服务业综合试点工作，长沙各部门在现代物流、电子商务、网络信息、金融、服务外包、对外贸易等方面出台了相关政策，市财政每年新增加数亿元专项资金用于现代服务业发展，为试点工作保驾护航。长沙除以奖代补、贷款贴息外，还积极探索以参股控股、产权回购回租、公建配套等多种形式，改建和新建了一批具有公益性质的农产品批发市场、农贸市场、社区菜市场、菜店等，形成了政府参股控股的"米市""肉市"和"菜市"，进一步确保了市场的长期公益性。

1.5 研究的主要内容

本书研究的基本思路和逻辑是，在论证构建"长沙模式"的理论基础、先进经验和现实必要性的基础上，对"长沙模式"的形成与促进机制、模式创新及先进经验进行总体描述，然后进一步进行创新典型项目的案例评价与分析。

本书主要研究内容如下。

第一，绪论。绪论主要包括研究背景及意义、现代服务业及农产品物流政府规制文献综述、国内外先进经验比较、长沙现代服务业综合试点项目综述等。

第二，长沙现代服务业发展现状分析。研究分析"互联网＋"背景下现代服务业发展新常态，剖析长沙现代服务业发展的基本现状、现状特点与主要瓶颈。

第三，"长沙模式"的由来、形成与促进机制。主要包括总结长沙现代服务业综合试点工作实施概况、"长沙模式"含义与理论阐释。

第四，"长沙模式"的模式创新与先进经验。研究分析长沙现代服务业试点的创新："长沙模式"，即一批园区平台、两种流通模式（线上线下、期货现货）、三级交易市场、四项发展机制、五个支撑体系。

第五，"长沙模式"的创新典型项目评价与分析。主要从物流配送、终端消费、市场升级、电子商务、对外贸易等工程挖掘不同典型项目，并进行案例评价与分析。

第六，发展启示与建议。

2 长沙现代服务业发展现状分析

2.1 "互联网＋"背景下现代服务业发展"新常态"

新常态，就是经过一段不正常状态后重新恢复正常状态。人们对社会的认识总是在常态到非常态再到新常态的否定之否定中上升。习近平总书记第一次提及"新常态"是在 2014 年 5 月考察河南的行程中，总书记指出："中国发展仍处于重要战略机遇期，我们要增强信心，从当前中国经济发展的阶段性特征出发，适应新常态，保持战略上的平常心态。"这是一种趋势性、不可逆的发展状态，意味着中国经济已进入一个与过去 30 多年高速增长期不同的新阶段。适应经济新常态必须改变以往的发展模式，尤其要改善对经济结构的调整，而现代服务业依托网络技术，创新了商业模式和服务方式，已经逐渐显示出其强劲的发展潜力，必将是未来经济增长最重要的推动力。

2.1.1 诠释经济新常态

经济新常态是与 GDP 导向的旧经济形态和经济发展模式不同的新的经济形态与发展模式。新常态经济是用发展促进增长、用社会全面发展扬弃 GDP 增长，用价值机制取代价格机制作为市场的核心机制的新型经济发展模式。

首先，经济新常态是经济增长方式的转变。据有关资料显示，过去 30 多年，高储蓄率、高投资率、低要素成本等因素和优势支撑了中国经济持续高增长。新常态下，GDP 增长方式由配置型增长方式向再生型增长方式转变；由经济结构畸形、产能相对过剩的不对称态增长方式，向经济对称态稳增长结构转变；由资源低端产品粗放不可再生型增长方式向生态化创新性精细可再生型增长方式转变；由效率型增长方式向效益型增长方式转变。

其次，经济新常态的经济增长结构发生变化。生产结构中的农业和制造业比重明显下降，服务业比重明显上升，服务业取代工业成为经济增长的主要动力；2013 年，我国第三产业（服务业）增加值占 GDP 比重达 46.1%，首次超过第二产业；2017 年上升到 51.6%。需求结构中的投资率明显下降，消费率明显上升，消费成为需求增长的主体。由此带来的现代服务业的新常态也将为企业带来更多的发展机遇，应努力发掘新的经济增长点，关注养老、医疗、卫生、旅游、文化、物流、互联网相关产业等领域的新发展、新动态。

2.1.2 经济新常态下发展现代服务业的必要性

现代服务业是指以现代科学技术特别是信息网络技术为主要支撑，建立在新的商业模式、服务方式和管理方法基础上的服务产业。它既包括随着技术发展而产生的新兴服务业态，也包括运用现代技术对传统服务业的改造和提升。现代服务业具有"高人力资本含量、高技术含量、高附加值"的"三高"特征，发展上呈现"新技术、新业态、新服务"的"三新"态势，具有资源消耗少、环境污染少的特点，是地区综合竞争力和现代化水平的重要标志。有别于商贸、住宿、餐饮、仓储、交通运输等传统服务业，现代服务业以金融保险业、信息传输和计算机软件业、租赁和商务服务业、科研技术服务和地质勘查业、文化体育和娱乐业、房地产业及居民社区服务业等为代表。

中国经济在新常态下，现代服务业的新常态也将面临新的机遇。新时期提出发展现代服务业的必要性主要体现在以下几个方面。

（1）现代服务业是全面建设小康社会时期国民经济持续发展的主要增长点。国际经验表明，服务业加速发展期一般发生在一个国家的整体经济由中低收入水平向中上等收入水平转化的时期，今后 15 ~ 20 年，我国经济发展正处于类似的阶段。

（2）发展现代服务业是缓解就业压力的主渠道。与西方发达国家和绝大部分发展中国家相比，我国服务业平均吸收就业劳动力的比重仍然很低。从长远看，大力发展教育、文化等服务业，有利于从根本上改变劳动力素质结构，使我国由人口大国转化为人力资源强国。

（3）发展现代服务业是提升国民经济素质和运行质量的战略举措。为工农业提供中间服务的金融、物流、批发、各类专业服务等服务业的发展直接影响国民经济素质和运行质量。现代服务业的发展不仅对服务业本身，而且对提升其他产业竞争力，改善我国投资环境将发挥重要的推动力作用。

（4）发展现代服务业是实施国民经济可持续发展战略的需要。按照我国现有工业发展模式推测，到2020年，环境污染和资源消耗都将达到非常严重的程度。加快发展现代服务业，有利于优化产业结构，减少对自然资源的依赖，减轻对环境的损害，是新常态下我国实现经济可持续发展的必然选择。

2.1.3 "互联网＋"背景下现代服务业发展"新常态"

早在多年前，互联网与各行各业的融合，就以信息化应用、信息化与工业化融合、制造业服务化等形式在孕育发展。今天，"互联网＋"理念的提出，进一步将以互联网为载体的融合发展上升到占据新兴业态竞争高地，推进中国经济结构转型优化的新高度。借"互联网＋"行动计划的东风，在第一产业、第二产业和第三产业中全面推进"互联网＋"，对中国经济转型将产生重要而深远的影响。

中国政府此时制订"互联网＋"行动计划，客观上将推动互联网与第一产业、第二产业和第三产业的整合，变革生产方式，引领产业转型升级。互联网在这里不光意味着技术，而且是一种新的生产方式（新业态是这种新生产方式的外在表现形态）。

中国将充分发挥网络空间对我国现代服务业的智能化提升作用，利用移动智能、大数据、物联网等新技术打造网络服务平台，加快实现向智能化、服务化方向的转型升级。"互联网＋"将进一步发挥互联网产业所长，将需求导向的创新驱动，注入所结合的各行各业。"互联网＋"将占据新业态竞争高地，使互联网发展空间拓展到中国各行各业，催生多样化增值应用。

互联网促进了现代服务业的发展，其中以平台化、生态化为特色的电子商务支撑服务业达到世界先进水平，深刻改变了流通业的面貌，改变了中小企业发展的商业环境。"互联网＋"将把这一成功复制到流通业之外的所有服务业中。互联网服务业态上的一个关键特征，是基础平台与增值应用的分离。"互联网＋服务"在所到之处，势必将这种业态带入服务业中的各个子行业，包括互联网金融、互联网交通、互联网医疗等。

随着互联网、物联网、云计算、大数据等高新信息技术的不断发展，"互联网＋"计划着重促进这些信息技术与现代制造业、生产性服务业等的融合创新，发展壮大新兴业态。在"互联网＋"的时代背景下，市场的竞争日益加剧，企业为此面临着种种的挑战与机遇将成为现代服务业发展的新常态。因此，唯有进行管理创新，才是我们把握机遇、应对挑战的灵丹妙药。

1. 以供需动态匹配改善资源利用

服务的不可储存性，最直接的后果就是服务供给与服务需求经常不平衡。由于无法像制造业那样通过库存来缓冲市场需求的变化，服务业经常在高峰期面临服务能力不足，而在空闲期又面临服务能力闲置的状况。这种服务的供给和需求之间的矛盾，可以通过互联网手段来解决。借助互联网的信息匹配和用户汇聚功能，可以对服务的供给和需求进行精细化管理，一方面减少因服务需求不足造成的资源闲置损失，另一方面降低因服务能力不足造成的客户流失。在服务淡季，服务提供商可以在互联网平台上发布实时的服务资源数量和价格，并结合折扣促销等方式，面向海量互联网用户进行销售。而在服务旺季，则通过网上提前预约等方式，合理调节服务需求，避免产生超负荷运转带来的服务质量下降的问题。例如，在航空业，各大航空公司通过自己的官方网站或"去哪儿网"等旅游网站销售低价机票，鼓励用户在淡季出行并且提前规划行程，以提高航班利用率。通过这种方式，航空公司可以降低服务需求的波动，在成本支出没有较大变化的情况下，大幅增加收入。

2. 以众包模式降低服务提供成本

众包模式就是把传统由企业内部员工承担的工作，通过互联网以自由自愿的形式转交给企业外部的大众群体来完成的一种组织模式。采用众包模式的服务企业，只需要向任务承担者支付少量报酬，有些情况下甚至是免费的。任务承担者通常也是服务企业的客户或潜在客户。因而，众包模式不仅让服务企业在快速完成任务的同时大幅降低服务成本，还可以缩短服务企业与消费者之间的距离。

在快递行业，随着网络零售的普及和 O2O 服务的兴起，配送任务持续增加。特别是对于从事 O2O 业务的初创企业来说，服务订单数量激增，超出企业的配送能力。而且这些订单由于消费者使用习惯和企业促销等原因，往往在特定时间段出现，具有突发性，使得服务难以根据配送需求扩大员工数量。为解决这一问题，物流众包模式逐渐兴起。以众包配送第一平台"人人快递"为例，凡是在人人快递上注册的自由快递人，可以顺带帮人送货，并获得一定的报酬。目前，"人人快递"的业务已拓展到全国 17 个城市，注册的自由快递人数已经有数百万。这一方式满足了持续增加的 O2O 配送需求，特别是同城配送的需求。与企业自建物流相比，众包配送的方式更加灵活低价，服务企业可以按单支付，每单费用为 5～20 元，企业不需要维持每月固定的人力开支，也避免了交通工具和区域集散点等配送设施的投入。

3. 以批量定制满足个性服务需求

随着经济水平提高和人均收入的增长，消费需求的个性化特征日益明显。而互联网则提供了满足个性化需求的技术手段。服务企业通过社交网站、BBS论坛、搜索引擎获得关于用户需求的相关数据，利用大数据分析技术，对用户进行聚类和关联规则挖掘，得到相对精准的个性化需求信息。此外，随着移动互联网技术的发展，服务企业越来越多地使用 App（应用程序）向用户提供服务，可以随时随地收集用户个性化需求。在服务的个性化提供方面，企业通过对组织资源的动态调配，将传统的由厂商到产品再到用户的模式，转变为从用户到产品再到厂商的模式，可以实现对个性需求的满足。

4. 以服务流程再造提升服务体验

服务流程是指服务提供商各项业务的传递顺序。在互联网影响下，服务企业普遍开始重新规划服务流程，根据消费者需求的变化和服务中存在的关键问题，将原有服务流程转变为以用户为中心的业务组合，通过提高用户体验来保持竞争优势。在医疗行业，医疗服务流程直接影响医疗服务工作的质量和效率，也直接影响病人的感知与体验。以门诊流程为例，挂号、交费、取药等环节的排队和等待情况比较严重，是造成医疗服务流程效率低下的瓶颈。各环节等待时间过长的主要原因是就诊时间过度集中以及医院各部门信息不共享，从而影响流程的畅通性。对此，医疗机构与互联网企业合作，重建面向病人的医疗服务流程，科学合理地安排医疗服务各环节，提升门诊流程效率。

目前，网页和 App 等多种便捷的在线挂号方式已经出现，如北京市预约挂号统一平台、挂号网、微信和支付宝挂号预约等。以支付宝挂号为例，病人不需要排队付费，就诊费用通过系统自动结算，报销部分直接从社保账号扣取，自费的部分从支付宝账号中划出来，明显减少病人的排队等待时间。就诊卡储存了病人的基本信息，可解决挂号、交费、取药、检查等多个部门重复录入和确认病人信息的问题，提高医院的信息共享能力。对于需要等待检查结果的病人，现在可以通过医院的网站下载检查报告，避免了多次往返医院而造成的时间与精力浪费。

5. 以商业模式变革催生新兴业态

互联网对现代服务业最深刻的影响在于商业模式的变革。互联网不仅是一种技术手段，更多的还是一种全新的思维模式，包括社会化协作、开放式创新、扁平化组织等关键要素。服务企业通过信息和资源共享，基于自身核心竞争力，专注于用户个性化需求，提供超越用户期望的极致服务。工业云是典型的借鉴互联网思维变革软件服务商业模式的例子。工业云基于云计算相关技术向各个工业制造企业提供软件和其他生产性服务，使制造企业通过社会资源共享实现成本的节约和效率的提升。工业云平台为各类制造企业和工业服务企业搭建起技术交流和服务交易的互动平台，深度整合各种设计和生产资源，汇聚个人和企业创新成果，推动制造企业从工业云平台获取生产工具和生产资料，降低企业的创新成本和门槛。以北京数码大方的工业云平台为例，其充分利用互联网在平台上实现了制造软件、制造工具和制造与服务能力的共享。

2.2 长沙现代服务业发展的基本现状

服务业发展水平是衡量一个国家和地区综合竞争力和现代化程度的重要标志。从许多国家经济发展的规律来看，当经济发展到一定水平时，服务业发展速度普遍高于第一、第二产业，对于整个国民经济的发展起到明显的促进作用。随着现代化实现程度的提高，服务业占国民经济的比重也越来越高。2017 年，长沙服务业保持了快速增长，服务业增加值占 GDP 比重持续提升，服务业成了全市经济增长的主动力。

2.2.1 发展速度不断提升

长沙服务业发展呈现了发展速度持续加快、占 GDP 比重持续提高、对经济增长贡献持续提升等特点。

（1）服务业发展加快。2014 年以来，长沙服务业呈现出持续加快发展态势。2017 年全市服务业实现增加值 5157.8 亿元，增速高于全省平均水平 1.9 个百分点，居全省第一。

（2）服务业占比提高。随着服务业的持续快速增长，长沙服务业增加值占 GDP 比重呈现出逐步提升的态势。2012 年以来，全市服务业增加值占 GDP 的比重累计提升 9.4 个百分点。

（3）服务业贡献提升。近年来，全市经济增长放缓，工业增速出现回落，服务业成为全市经济增长的主要支撑，对经济增长的贡献不断增强。2017 年，长沙服务业继续领跑经济增长，增速高于全市 GDP 增速 1.9 个百分点，高于第二产业增速 3.2 个百分点。服务业对全市经济增长的贡献达 56.7%，比2016 年提升 6 个百分点，比 2015 年提升 11.8 个百分点。

（4）服务业增速居前。2017 年，长沙服务业增加值总量达 5157.8 亿元，居全国省会城市第 6 位；增速达 10.9%，比全国水平高 2.9 个百分点，在全国省会城市中居第 2 位，增速排位比 2016 年提升 1 位。

2.2.2　发展质量不断提高

在服务业持续快速增长的同时，服务业呈现内部结构优化、税收稳定增加、利润快速增长等特点。

（1）服务业内部结构优化。近年来，长沙服务业内部结构不断优化，文化体育和娱乐业、旅游休闲、信息传输等现代服务业发展加快。2016 年，以文化体育和娱乐业、租赁和商务服务业为代表的营利性服务业保持快速增长，实现增加值达 1300.35 亿元，比上年增长 21.2%，增速比 2015 年提升 5.2 个百分点；营利性服务业增加值占全部服务业增加值比重达 29.3%，比上年提升 1.5 个百分点。全市旅游总收入达 1534.83 亿元，比上年增长 13.6%；邮电业务总量达 378.12 亿元，增长 51.2%，其中电信业务总量达 320.12 亿元，增长 54.1%。

（2）服务业税收稳定增加。在经济增速趋缓，第一产业和第二产业税收负增长的情况下，长沙服务业税收收入保持稳定增长，成为全市税收收入增长的主要来源，在全部税收收入中的份额逐步提升。2016 年，全市服务业实现税收收入 723.81 亿元，比上年增长 6.6%，高于全部税收增幅 3.9 个百分点；占全部税收的比重达 45.4%，比上年提高 2.3 个百分点。

（3）企业利润快速增长。从规模以上服务业企业来看，实现了营业收入、利润总额、职工薪酬的较快增长。2016 年，全市规模以上服务业企业实现营业收入 1277.45 亿元，比上年增长 14.6%；实现利润总额 113.42 亿元，比上年增长 23.0%，增速比上年加快 34 个百分点；应付职工薪酬 195.89 亿元，增长 10.4%。

2.2.3　发展后劲不断增强

近年来，长沙服务业投资力度不断加大，服务业新经济加速发展，房地产去库存成效显著，服务业发展后劲不断增强。

（1）服务业新经济加快发展。新产业、新业态、新技术、新商业模式不断涌现，以"互联网＋"为代表的新经济加快发展。2016 年，长沙限额以上批发零售企业通过互联网实现零售额比上年增长 42.3%；与电子商务密切相关的快递业务量增长 39.4%，快递业务收入增长 42.1%。在规模以上服务业中，互联网及相关服务单位营业收入增长 52.2%；云计算、第三方电子商务平台等软件和信息技术服务业营业收入增长 29.7%。

（2）服务业投资快速增长。2016 年，长沙服务业投资达 4547.97 亿元，比上年增长 16.1%，增速比上年加快 1.8 个百分点，高于全部投资增速 2.2 个百分点。服务业投资占全部投资的比重达 67.9%，比上年提升 3.1 个百分点。在服务业投资中，房地产业、教育、卫生和社会工作、文化体育和娱乐业等行业增长较快，分别增长 35.2%、36.4%、42.0% 和 117.4%。

（3）房地产去库存成效显著。2016 年，长沙认真贯彻落实中央和湖南省出台的各项政策措施，加大了房地产业去库存力度，商品房销售持续快速增长，待售面积逐步减少。2016 年，全市房地产业增加值 329.44 亿元，比上年增长 13.1%，增速比上年提升 2.1 个百分点；商品房销售面积达 2593.71 万平方米，比上年增长 36.2%，增速比上年提升 10.8 个百分点。

2.3 长沙现代服务业发展的现状特点

2.3.1 多级商圈成熟成型

长沙经过多年的发展，已经形成了市域级、区域级、社区级三层级、多中心、网络化的商圈格局。以五一商圈为龙头的商贸流通业集聚发展，以火车站商圈、袁家岭商圈、东塘商圈、侯家塘商圈、高桥商圈、红星商圈、溁湾镇商圈、伍家岭商圈、星沙商圈、万家丽商圈等为代表的传统商圈星罗棋布，辅以众多社区级的商业中心，形成了覆盖市区、辐射城乡、省市联动的商贸业态。另外，浏阳市、长沙县、宁乡市均以县城为载体集聚了较为丰富的商贸产业，形成了服务县城、覆盖县（市）域的商贸空间布局。

2.3.2 专业市场内外交错

长沙从 20 世纪 90 年代至 2000 年前后建设的高桥大市场、马王堆蔬菜批发市场、三湘大市场、南湖大市场、杨家山家禽市场、毛家桥水果批发市场、红星大市场等，大多布局于主城区内部或二环线周边。而伴随城市的扩张和市场的发展，诸如黄兴镇市场群、高岭商贸物流中心、跳马镇市场群、望城经开区市场群、金霞经开区市场群、金洲市场群、永安镇市场群等一大批专业化、特色化的新兴市场群正在城市外围区域布局与建设当中，部分已经初具规模和效益。目前包括马王堆蔬菜批发市场、红星大市场、杨家山家禽市场等地处中心城区的专业市场，将逐步向城市周边和外围区域迁建。

2.3.3 金融产业点轴集聚

以五一路、芙蓉路交会所形成的"金十字"地带业已成为长沙CBD，以此为极核金融产业高度聚集发展。该区域聚集了70多家支行以上的银行机构、200多处金融网点和大量的证券公司、保险公司和中介咨询服务公司等。中国人民银行长沙中心支行以及中国银行、农业银行、工商银行、建设银行的省级分行均落户该核心区域。而随着城市新区的建设和发展，包括南湖金融功能区、滨江新城金融商务区、望城金融后台园区、高新区科技金融示范园等在内的金融产业增长极正在迅速崛起并形成规模。目前，坐落于芙蓉中路的长沙金融生态区正在火车北站原址上加快建设，在芙蓉中路上与"金十字"CBD形成相互呼应的整体格局，表现出沿轴集聚和辐射发展的趋势。

2.3.4 文化产业多点支撑

依托湖南省、长沙广电两大核心平台以及数字、出版、动漫、演艺等平台的资源和品牌，目前长沙已经形成了天心区国家级文化产业园、中南国家数字出版基地、广电金鹰影视文化城、浏阳河文化产业园、岳麓文化创意产业基地、黄花印刷科技产业园、雨花创意产业园、后湖文化创意产业园、浏阳河婚庆文化园、开福区青竹湖手机（移动媒体）文化产业基地、梅溪湖国际文化艺术中心、湘台文化创意产业园、宁乡经开区文化创意产业园、浏阳花炮文化创意产业园等重点园区（基地），文化创意产业呈现出多极发展的态势和格局。

2.3.5 商务新区集聚发展

商务新区也成为服务业集中发展的重要区域。主要包括以现代金融商务功能为核心，以文化、休闲、旅游综合商圈为驱动引擎，以都市居住为依托的河西滨江新城；以高端居住、商务旅游、生态文化、时尚创意为主要功能的望城滨水新城；依托酒店金融区、高档公寓区、滨江商务区，集金融、商务、休闲、美食、居住等为一体的南湖新城；以商务办公、高档居住、文化休闲为主的城市滨水新区新河三角洲；以商贸、金融、物流等服务业为导向的高铁新城；以商贸、总部楼宇、高档酒店、文化创意、航空物流为特色的空港新城等。

2.4 长沙现代服务业发展的主要瓶颈

近年来,长沙服务业保持了持续较快发展,但仍然存在服务业经济总量偏小,服务业占 GDP 比重偏低,传统服务业发展趋缓等问题。

2.4.1 服务业总量偏小

从城市对比来看,长沙经济总量与国内发达城市的差距主要体现在服务业。长沙服务业增加值总量与经济总量大于长沙的省会城市比较,差距均超过 1000 亿元。2016 年,长沙服务业增加值为 4439.52 亿元,比南京少1693.79 亿元,比武汉少 1855.42 亿元,比杭州少 2328.74 亿元,与广州差距高达 9005.51 亿元。分行业来看,长沙金融业和房地产业发展差距较大。2016 年,长沙金融业实现增加值 485.5 亿元,比上年增长 5.6%,总量仅为广州的 30%、杭州的 49.2%、南京的 39.1%、武汉的 49.8%;增速低于广州5.5 个、南京 8.4 个、武汉 9.8 个百分点。长沙房地产业增加值为 329.44 亿元,仅为广州的 18.8%、杭州的 43.0%、南京的 46.3%、武汉的 42.8%。

2.4.2 服务业占比偏低

从世界发达国家发展规律来看,服务业增加值占 GDP 比重一般在 70% 以上,美国、英国、法国等发达国家服务业增加值占 GDP 比重在 80% 左右。近年来,虽然长沙服务业增加值占 GDP 的比重不断提升,但仍然低于全国、全省平均水平,与发达城市及发达国家相比差距较大。2016 年,长沙服务业增加值占 GDP 的比重为 47.6%,低于省会城市平均水平 8.5 个百分点;低于全国水平 4.0 个百分点。

2.4.3 传统服务业发展趋缓

近年来,虽然长沙服务业保持了平稳较快增长,但传统服务业发展明显趋缓,对服务业乃至全市经济增长的贡献逐步减弱。2013—2016 年,长沙批发和零售业增加值增速分别为 8.9%、7.2%、5.6%、5.8%,年均增长6.9%;交通运输邮政和仓储业增加值增速分别为 7.2%、8.5%、6.1%、5.4%,年均增长 6.8%;住宿和餐饮业增加值增速分别为 4.3%、5.7%、5.2%、5.5%,年均增长 5.2%。以上三个行业增速均明显低于全市经济增速和服务业增速(全市经济年均增长 10.4%,服务业年均增长 11.6%)。

3 "长沙模式"的由来、形成与促进机制

3.1 长沙现代服务业综合试点工作实施概况

3.1.1 基本情况

自 2011 年开始，财政部、商务部等部门在全国分三批选定 10 个省市开展现代服务业综合试点，充分发挥中央和地方的政策合力，采取先行先试、集成政策、重点支持等方式，积极探索服务业发展新模式，为全国提供可推广、可复制的示范经验。长沙于 2012 年 7 月获批成为全国第二批现代服务业综合试点城市。

试点以来，长沙按照两部的要求，结合现代服务业发展实际，围绕打造"全国农副产品交易集散中心"的功能定位，以"五性"（示范性、公益性、创新性、带动性、安全性）为原则，以重大项目实施为抓手，推动现代服务业健康有序发展。

试点以来，长沙共实施了五批项目，共涉及市场交易、现代物流、电子商务、终端消费、肉菜溯源、对外贸易六大类，实施试点项目 143 个，预计总投资 200.2 亿元，目前 143 个项目全部完成验收，实际完成总投资 206.7 亿元，完成 103.2%。试点带动长沙现代服务业跨越发展，截至 2017 年年底，长沙仓储面积达到 430 万平方米，冷库容量达到 60 万吨。2017 年，长沙社会物流总值 3.8 万亿元，物流收入 780 亿元，增长 10.0%。4A 级物流企业 35 家，5A 级物流企业 10 家。通过农产品物流的率先发展和整体带动，全市社会物流总费用与 GDP 比值由 2011 年的 18.3%降低到 2017 年的 15.0%。现代服务业实现跨越式发展。2017 年，全市服务业实现增加值 5157.8 亿元，服务业增加值占 GDP 比重达 49.0%，试点 6 年年均提升 1.6 个百分点，服务业对

经济增长贡献率达 56.7%。6 年来,服务业增加值由 2535 亿元增长到 5157.8 亿元,实现了服务业 "倍增计划"。

长沙在全国农产品流通领域发挥了积极作用,形成了 "南菜北运" 和 "北粮南运" 集散中心,达到了试点的预期效果。长沙连续 5 年在财政部和商务部组织的试点城市绩效考核中被评为 "优秀" 等级。

3.1.2 现代服务业试点成果频现,带动效果明显

转型升级增活力,农产品物流集散中心辐射影响力快速增强。长沙从容面对经济新常态,用 "转型升级" 作为指导思想,形成 "点、线、面" 结合的现代农产品物流体系,集散中心辐射影响力快速增强。以 "五全便利店" "五健大药房" 等便民服务社区网点为抓手,着力推进农产品物流城市配送 O2O 终端网点建设;以肉菜、粮食、种子、茶叶、有机食品、食用菌、农业花卉等重点农产品领域的物流体系建设为主线,完善产业全链的物流系统;以 "北粮南运" "南菜北运" "西果东运" 等中部地区农产品物流集散枢纽为重点,形成南方最大的粮食交易集散中心、全国第二大蔬菜交易市场和全国第三大水果批发市场。

引培并重添动力,农产品电子商务发展势头迅猛。农产品电子商务是长沙现代服务业发展的重要突破口并全方位推进。经过近一年的培育,电子商务发展氛围日益浓厚,交易额稳步上升。全市实现电子商务相关交易额 5580 亿元,同比增长 30%。制定出台《长沙电子商务产业发展 "十三五" 规划》以及制订出台《长沙电子商务产业发展三年行动计划》。引进京东湖南 "亚洲一号"、顺风电商产业园、唯品会湖南总部等重点项目。5 家企业获评全国电子商务示范企业,13 家企业获评湖南省电子商务示范企业,3 家电商企业入围 "中国互联网企业 100 强榜"。建成镇(乡)、村级电子商务综合服务站 411 个,宁乡市和浏阳市农村电子商务产业园、农村电商公共服务中心建成投入运营。在省定贫困村建成电子商务服务站 72 个,实现全覆盖。

跨界创新融合发展,带动农产品产业链整体发展。"互联网 +" 打开了无限的可能性,带来了巨大的发展机遇,长沙现代服务业试点工作挖掘农产品物流的新机会,成效明显。快乐购和中农传媒利用自建平台和第三方公共平台,实现 "电视媒体 + 互联网 + 特色农产品销售" 的整合营销渠道模式,拉动邵阳的龙牙百合和金银花、武冈豆干、湘潭湘莲、张家界葛根粉丝、湘西腊肉、湘乡和新化红米等特色农产品产业链,直接带动周边区域经济发展。

技术管理双驱动，打造农产品溯源安全体系。扫描购物小票上的追溯码，就能查到食品的产地、上级批发商等相关情况，一旦出现安全问题可迅速准确定位，有利于消费者查询和维权。长沙在 2016 年基本建成长沙肉菜流通追溯体系。目前，长沙已完成市级运行指挥中心、数据中心的软硬件设备安装、3 家大型定点屠宰场激光灼刻设备的安装和试运行、部分追溯节点子系统的建设、城市管理平台等系统软件的研发，以及肉菜追溯门户网站的开发维护等。建设肉菜流通追溯体系，既是保障肉菜流通安全高效的重大举措，也是一项以人为本的民心工程。

3.2 "长沙模式"含义与理论阐释

长沙牢牢把握国家现代服务业综合试点的机遇，突破思维定式的藩篱，充分激发企业的创新活力，摸索出了适合长沙现代服务业发展的方法，总结提炼"长沙模式"。

3.2.1 "长沙模式"的产生背景

"互联网＋"引发农产品流通变革。长期以来我国的农产品流通模式为：产地收购—产地市场集散—销地市场集散—商贩零售，属于现货交易模式。该模式存在三个主要问题：一是供求双方不能够形成长期稳定的合作伙伴关系，无法带来规模化的效益，在一定程度上加大了农产品的流通风险；二是由于行业的门槛很低，所提供的服务也都非常简单，就不容易形成相应的品牌效应；三是在农产品流通环节太多，每一个环节都需要交易成本，农产品价格节节攀升。传统农业经营模式正在被互联网颠覆。"互联网＋'三农'"被视为中国农业发展的新趋势，但却并非只是简单的网购，其目标是实现两者深度融合，提高农业经济效益，更好地保障食品安全，帮助解决农产品信息不对称带来的滞销等一系列传统难题。"长沙模式"准确把握了"互联网＋"引发农产品流通变革的关键点，促进互联网与农产品流通深度融合，统筹好农业公益服务资源和农村社会化服务资源这两类资源，构建起政府、服务商、运营商三位一体的推进机制，实现信息精准到户、服务方便到村的可持续发展机制。总体来说，农产品流通的内部因素是渠道变革的主要因素，决定了农产品流通的主要形式和效率；另外，新技术、新消费模式和消费习惯将影响外部的环境，从而影响内部的结构和运行模式。

平台经济发展带动大宗农产品市场流通模式创新。我国大宗农产品领域，已由结构性过剩转向全面过剩。供需矛盾凸显、成本居高不下，已成为大宗农产品市场运行中的突出问题。新形势下，大宗农产品流通过程中出现了新的矛盾，即"商流与物流不统一、价值实现与使用价值实现不统一"，这一矛盾正是我国大宗农产品流通效率偏低、流通成本偏高的症结所在。"长沙模式"把握大宗农产品流通本质规律，抓住"平台经济创新发展"这个牛鼻子不放松，促进大宗农产品流通市场"由大向强"转变提升。平台经济是以网络为基础，以信息平台和第三方支付为手段，发现和创造商机，形成撮合交易的平台，充分发挥供需双边市场效应和产业集群效应，融合制造业和服务业的新经济模式，能够整合产品资源、客户资源、物流资源、信息资源，从根本上解决矛盾。

虚拟经济带动实体经济快速转型升级。电子商务为"大众创业、万众创新"提供了一个全新的平台，"大大有利于就业"。农副产品通过电子商务的营销推广，可以有效减少农产品流通环节和流通成本，实现虚拟经济和实体经济、线上电子商务平台与线下实体平台的深度融合，转变传统商业销售模式和传统消费观念，有助于提升长沙特色农产品的知名度，推进长沙及周边地区的农业产业发展。

农副产品消费升级速度加快，农产品质量安全成为全社会关注焦点。在消费拉开档次，个性化、多样化消费渐成主流的经济新常态下，农产品消费升级将会加速，从过去的吃得饱、吃得好向吃得平衡、吃得营养、吃得健康转变已成为共识，产品品质和细化市场越来越受关注，并成为核心竞争力的重要标志。在国民经济从"增量扩能"转向"调整存量、做优增量"并举的深度调整的经济新常态下，市场在调整重量结构、产品结构中的决定性作用更强，农业的区域化布局、差异化发展将进一步凸显，农业的产业升级势在必行。农业农村部、食品药品监督局等相关部门加强农业投入品监管和产地环境管理，大力推进农业标准化生产，大力发展无公害、绿色、有机、地理标志农产品，把控肥、控药、控添加剂作为农产品质量安全管控重大措施予以普及推广。按照农产品生产经营链条，对农产品进入市场和加工企业前的各个环节做出规定，加快推进农产品质量追溯体系建设。

在新的历史时期采用了新的交易方式来解决目前农产品的流通相关问题，对于有效降低农产品的流通成本非常重要。由于农产品本身产品特殊性以及其物流的各个环节重要性，导致这些相关的问题并不是依靠电子商务就可以完全解决，这只是一种服务的新模式，只有对相关细节进行有效的把握控制，才可以使得交易的双方都有较好的交易体验。

3.2.2 "长沙模式"的基本含义

"长沙模式"：长沙高度响应党中央整体部署要求，以健全农村流通市场体系为重点，立足长沙及周边地区农业生产与消费者需求升级转型，大力发展综合优势突出、发展基础坚实、产业关联带动效应强的农产品流通新业态。通过贷款贴息、财政补助和绩效奖励等多种财政手段，重点培育大宗特色农副产品物流和集散交易市场体系；通过体制创新和机制完善，探索农副产品物流和集散新模式，形成有利于农业生产增长、农业产业发展、农民增收和促进居民农副产品消费升级的现代化新型农产品物流体系，达到"提效益、降成本、服务民生、保障安全"的发展目标。经过三年的理论探索与实践，成效显著，多次获评国家商务部优秀，备受业界赞誉，被称之为"长沙模式"。

1. "长沙模式"指导思想

（1）政府推动与市场主导相结合。强化政府对现代服务业宏观政策引导，加大投入和扶持，同时充分发挥市场机制作用，通过市场竞争提高服务效率，推进服务业的市场化、社会化进程。

（2）重点突破与全面发展相结合。充分发挥区位优势、政策优势、产业优势，积极扶持优势产业和特色产业发展，同时统筹规划，推进服务业的协调发展。

（3）集聚发展与合理布局相结合。强化服务业发展重大项目布局的空间约束，促进服务业的空间集聚。明确功能分区与空间布局，形成布局合理、功能清晰的服务业空间组织形态。

（4）中央支持与地方配套相结合。省、市两级财政设立促进现代服务业发展专项资金，与中央财政支持资金形成合力，对试点关键环节给予扶持，确保试点工作成效。

2. "长沙模式"五性原则

长沙现代服务业试点工作坚持政府引导、市场主导，项目选择遵循示范性、公益性、创新性、带动性、安全性等原则。

（1）示范性。构建具有全国影响力的专业化、社会化、规模化现代农产品物流标准化体系，形成全国"农产品物流示范城市"。

（2）公益性。打造统一的农产品物流、电子交易公共信息平台，降低农产品流通成本，增加农民收入，努力成为全国农产品价格中心和供需信息发布中心。

（3）创新性。推动农产品物流领域的标准创新、业态创新、方式创新和技术创新，加大物联网、云计算等新技术应用及商业模式创新。

（4）带动性。延伸、拓宽农产品现代物流产业链条，推动服务业与其他产业融合发展，促进长江中游商业功能区的形成与发展。

（5）安全性。加强肉菜全程监控与溯源技术的开发应用，构建多方协作共管的肉菜安全监管体系，确保肉菜票据可查询、产地可追溯、质量可检测、市场可调控，全面提升长沙肉菜的安全性和可靠性。

3. "长沙模式" 主要路径

（1）技术集成创新实现农产品物流全程可控。集成采用物联网（IoT）技术、射频识别（RFID）技术、全球定位系统（GPS）技术、地理信息系统（GIS）技术、互联网协议第六版（IPv6）技术、人工智能（AI）技术等，实现农产品物流运作技术的集成创新，最终实现农产品物流的全程可控、可追溯。

（2）商业模式创新实现农产品物流集聚化、集群化发展。综合采用农村合作组织、虚拟农产品物流交易平台、强化 "农产对接" 等商业模式创新，大力推进长沙农产品物流集聚化程度，探索建立符合长沙特点和需要的农产品物流集群式发展模式。在加强和提升现有农产品批发市场的基础上，结合长沙 "菜篮子" 工程和 "农改超" 规划要求，积极鼓励和重点扶持农产品物流超市化、连锁经营化。引导发展农村合作组织内部专业农产品物流；扶植农产品批发市场中的大批发商、仓储经营户、运销经纪人，改造提升为物流公司；积极争取国家批准在长沙建立特色农产品期货交易市场或实物交割库。

（3）强化参与主体的社会责任，从根本上保障农产品质量安全。依托粮油检测中心，促进居民粮油消费安全，一是建设检测平台，二是建立检测体系如生产环节、收购环节、配送消费环节等，三是建立绿色的粮油等农产品配送体系。农产品物流服务企业应从完善质量安全监控体系开始，建立完善的质量保证体系、计量检测体系和标准化体系。农产品流通相关企业在农产品物流全过程中，从原材料采购、添加剂使用、农产品生产、运输、仓储等全供应链过程都严格按照国家标准要求，自觉用行动体现企业社会责任意识。

（4）建设以农产品物流服务企业社会责任为核心的企业文化。农产品物流服务企业要加强对企业社会责任理论的学习，建设一种诚实守信、以人为本的自觉遵守企业社会责任要求，关心利益相关者的企业文化，从根本上解决农产品物流全供应链过程的食品安全问题。

4. "长沙模式"五大工程

围绕现代服务业综合试点任务，长沙重点推进农产品流通的五大工程建设。

（1）市场交易升级工程。重点支持中南地区乃至全国领先的粮食、蔬菜、肉类、水产、水果、家禽、种子等农产品大型现货交易市场，区域性采购交易中心等重大项目的建设和升级；支持区县（市）建设高标准批零兼营的二级农贸市场；支持区域性农产品会展中心建设和展会活动等支撑和配套项目。试点目标：通过全市农产品大型现货交易市场合理布局，逐步形成中部最大、全国前三的现代粮食综合交易中心，全国最大的生猪活体及肉类产品综合批发大市场，具有国际建设水准的中部最大的蔬菜批发综合市场、农产品综合会展中心，以及中国国际种业交易中心，实现长江中游商业功能区战略目标。

（2）现代物流提质工程。支持国际、国内知名的农产品冷链物流企业及农产品冷链物流项目入驻长沙，在长沙新建或整合农产品冷链物流设施；支持全程可追溯冷链物流配送体系建设项目；支持区域性农产品冷链物流公共信息平台项目。试点目标：通过一批从产到销的农产品物流重点项目的建设和实施，加快推进整个农产品供应链的功能完善，改善仓储条件，优化配送体系，推进信息共享，保障质量安全，逐步建成布局合理、设施装备先进、上下游衔接配套、功能完善、运行管理规范、技术标准体系健全的农产品冷链物流服务体系。探索形成一套在全国领先的标准化、专业化、信息化的农产品冷链物流长沙新模式。

（3）电子商务建设工程。重点支持对全市电子商务产业集聚式发展起支撑作用的电子商务示范园、示范楼宇等公共平台和载体的建设项目，吸引境内外知名电子商务企业聚集长沙；支持基于云计算等新技术并具有龙头效应的功能性、公益性、领先性特点突出的农产品电子商务平台类项目。试点目标：通过电子商务建设工程，将长沙加快打造成为全国最具行业影响力和集聚效应的电子商务示范基地；建成全国最具影响力的农产品电子商务交易平台，引领传统农业向"信息化""标准化""品牌化"的现代农业转变；推动本地产品通过电子商务的营销方式扩大市场占有率。

（4）终端消费促进工程。重点支持本地大型流通企业建设深入社区、布局合理、品牌发展、连锁经营、功能齐全、便民利民、质量可溯的终端消费设施建设项目；支持终端消费网络直接与本地的生产企业、农产品生产基地、龙头农业企业、农产品交易市场、龙头物流企业等建立长期的产、供、销、配送联盟，组织本地产品及鲜活农产品直接进入消费终端的项目。试点目标：通过消费终端促进工程，支持本地大型流通企业建设一批布局合理、服务功能齐全、便民利民、安全放心的社区便利店营销网络，实现社区商业 "双进工程" 目标；围绕解决农产品流通环节 "最后一公里" 的问题，率先在国内探索形成新型的农产品消费模式。

（5）肉菜溯源工程。建立长沙肉类蔬菜流通追溯管理平台；建设流通节点追溯子系统，包括定点屠宰企业追溯子系统、批发市场追溯子系统、农贸市场追溯子系统、大中型超市追溯子系统、团体消费单位追溯子系统、肉菜专卖（配送）单位子系统、生猪屠宰场的协议养殖场子系统、蔬菜产销对接子系统、猪肉冷链追溯子系统；建设三个支撑系统，包括肉类蔬菜经营主体数据库、肉类蔬菜流通远程视频监控系统、肉类蔬菜质量监测网络。试点目标：建立完善的覆盖全市六区三县（市）城区的来源可追溯、去向可查证、责任可追究的肉类蔬菜流通追溯体系。

3.2.3 "长沙模式" 的理论阐述

1. "长沙模式" 准确把握农产品流通的五大关键机制

农产品流通广义上是指农产品从供应地向接受地的实体流动中，将农产品生产、收购、运输、储存、加工、包装、配送、分销、信息处理、市场反馈等功能有机结合、优化管理来满足用户需求，并实现农产品价值增值的过程。而狭义的农产品流通是指农产品收购、运输、储存、销售等一系列过程。在农产品流通中，存在信任机制、利益机制、协调机制、学习机制、预警机制五大内部运行机制，"长沙模式" 准确把握以上机制，并确定了长沙现代服务业试点工作的 "五性原则" 和 "四大工作路径"，确保相关的宏观管理工作与内部运行机制相吻合。

（1）信任机制。农产品流通体系内主体之间相互信任对于农产品顺利流通具有重要意义。信任机制的建立与否是体系完善与否的重要标志。农产品流通体系本身也就是一个系统，系统之间的元素相互交换信息和能量，系统单元的最佳决策是相互信任，而不是欺骗。

（2）利益机制。农产品流通体系中的各主体为了得到利润而参与其中，因此利益协调分配的前提和基础就是公平和公正。在体系的发展中保证各参与者都能获得报酬,体现出投入与产出的明显关系。但是流通的过程往往比较复杂,需要政府建立完善的宏观调控体系,实施合理的企业化管理,让各主体都能在系统内发挥作用。

(3)协调机制。在流通体系中,对实力比较薄弱、竞争力不强的企业或者是农户,政府和有关监督部门要提供扶持,提供有利的保障措施。另外,流通体系中的合作也需要建立完善的保障机制,通过政府规范企业行为,使企业合作能顺利开展。

(4)学习机制。农产品流通体系的构成相当于一个集群的构成,在集群中必然要互相借鉴、取长补短。因此建立农产品流通体系的学习机制是指在体系内各个主体包括组织、群体和个人之间,以及体系内各主体之间的知识流动的渠道、相互关系和作用方式。学习作用的发挥离不开集体学习机制的建立。体系内成员可以通过学习机制,吸收其他成员的知识来增加自身的知识基础和提高自身的能力。

(5)预警机制。农产品流通体系是一个复杂的系统,要保障其顺利地运行,就要建立预警机制,为流通体系提供保障。在流通的主体或者是某个环节出现问题时,能够有应对突发事件的能力;发挥政府和监控部门的职能以及流通体系内各参与主体的积极性,达到保持流通体系顺畅的目的。

2. "长沙模式"完整涵盖"互联网+"背景的农产品流通重要环节

在传统模式下,我国农产品流通体系十分薄弱,产业上下游脱节,已成为我国农业、服务业乃至整体经济发展的重大瓶颈。农民产出的农产品要经过层层中间环节才能到达消费者的餐桌上。层层环节都要加价,所以就造成了农民增收难、消费者买的菜价高的现象。同时,由于冷链物流设施和技术落后,农产品运输储存过程中也会出现大量腐烂问题,仅果品和蔬菜的腐烂每年都会造成上千亿元损失。

在"互联网+"背景下,生产基地直供市场,市场一级批发商直供末端,最大限度地减少了中间环节。在此前提下,市场经营的一级批发商毛利按增加15%计,其既可以提高农产品的收购价格,又可以增加市场经营商家的利润,减少其损耗,降低经营风险;末端零售商家平均利润可达30%,其还可享受市场的统一配送,从此不必再起早贪黑地奔波,轻松盈利。更为重要的是,菜价可以大幅下降,仅相当于现在市场零售价的6折,消费者可以吃到又便宜、又安全的新鲜农产品。

"长沙模式"完整涵盖"互联网+"背景的农产品流通重要环节,重点

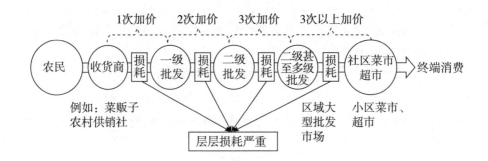

图 3 -1　农产品流通传统模式

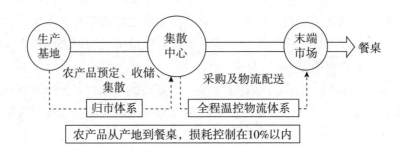

图 3 -2　"互联网＋"背景下的农产品流通模式

打造五大工程：市场交易升级工程、现代物流提质工程、电子商务建设工程、终端消费促进工程、肉菜溯源工程。

4 "长沙模式"的模式创新与先进经验

随着现代服务业综合试点工作的顺利推进和一大批农产品流通领域重大项目的实施，长沙已基本建成了"全国农副产品交易集散中心"。

4.1 打造一批园区平台

长沙作为"一带一部"的核心增长极，认真贯彻中央和省市部署，着力打造一批辐射作用强、示范作用明显的园区。

1. 打造一批农产品物流园

湖南粮食集团通过资源整合促进粮食产业横向扩张，倾力打造集粮油储备、粮油加工、中转物流、市场交易、期货交割、经营贸易、远程交易等功能的中南粮食交易物流园。同时，试点围绕建设区域性中心城市目标打造以马王堆蔬菜批发市场为核心项目的"南菜北运"中心，以红星冷链为核心项目的"西果东运"中心等多个现代农产品物流中心，充分彰显其对周边省市的示范带动作用。

（1）"北粮南运"铁路散粮运输枢纽。

由"湖广熟，天下足"的"南粮北调"格局到"北粮南运"，表明我国粮食生产地域呈现由南往北的发展新趋势。东北地区地广人稀，拥有肥沃的黑土地和大量的后备土地资源。随着农业科技的进步，以新品种和新技术为支撑的科技革命为黑土地注入了新的活力。尤其是水稻、玉米种植面积的扩大，提升了粮食产量。我国粮食生产自 2004 年以来已经实现"十连增"，全国 91% 的粮食增量、75% 的粮食产量、80% 以上的商品粮、90% 以上的调出量来自 13 个主产省。黑龙江、吉林、内蒙古、辽宁等地的增粮作用尤为明显，如今东北地区已经成为粳稻、玉米等商品粮的供应地，东北的粮食外调量占到全国的 60% 以上。黑龙江省粮食播种面积由十年前的 14470 万亩增长到 2017 年的 20913 万亩, 吉林省粮食播种面积也由 6468 万亩增加到 7821 万亩。

按照 "大粮食、大物流、大产业、大市场" 的整体发展思路, 湖南粮食集团利用其全国重点枢纽型粮油物流中心地位, 以首批 "北粮南运" 铁路散粮运输枢纽工程为契机, 充分发挥其信息交汇、商流云集、物流畅通的中南地区发展轴心地位, 通过资源整合促进粮食产业横向扩张, 倾力打造集粮油储备、粮油加工、中转物流、市场交易、期货交割、经营贸易、远程交易等功能的中南粮食交易物流园。拥有 4.4 千米铁路专线及配套散卸坑、5.17 万吨平房仓、3.78 万吨周转仓、8000 吨立筒库、25000 平方米植物油储罐、5393 平方米灌装车间、5.4 万吨浅圆仓、22475 平方米铁路罩棚站台配套散粮接发设施。园区内建设有先进的现代化大米、面条、油脂等加工生产线, 年粮油加工能力 100 多万吨, 粮食交易物流园实现年交易量 300 多万吨, 交易额达 80 亿元, 粮食饲料现货交易市场年货物吞吐量 350 万吨, 成为粮食交易连接南北、承东启西的核心纽带。

"北粮南运" 铁路散粮运输专列开通后, 湖南粮食集团将全面开展粮食 "四散化" 物流业务, 从包粮运输向 "四散化" 运输的转变, 标志着湖南省将加快实现粮食物流由传统到现代的重要变革, 有利于进一步降低粮食物流成本, 提高粮食物流效益, 促进粮食流通现代化, 同时也将对助推粮食产业转型升级, 更好地保障国家粮食安全, 确保区域经济社会稳定具有至关重要的意义。

(2) "南菜北运" 中心。

古有南水北调, 现有南菜北运。湖南拥有全国多个蔬菜生产基地, 蔬菜远销国内外多个城市和地区, 并且现成为 "南菜北运" 的主要起点之一。

长沙马王堆农产品股份有限公司是湖南省农业产业化龙头企业。位于长沙马王堆, 距离长沙火车站 1.5 千米。北靠 319 国道, 东邻 107 国道, 西连市一环线, 南接火车东货站。地理位置优越, 交通十分便利。按照深圳布吉农产品批发市场的管理模式, 深圳农产品股份有限公司结合市场实际对马王堆市场的管理制度进行了改革, 建立了新的管理体制。目前, 马王堆蔬菜批发市场是国家级大市场、农业农村部定点鲜活农产品中心批发市场, 场内 24 小时全天候交易, 已形成了一个以蔬菜批发为主, 其他农副产品批发为辅的综合性市场群体。

马王堆蔬菜批发市场占地面积 10.7 万平方米, 建筑面积 4.9 万平方米。

公司下设蔬菜批发市场、干货调料批发市场、种子批发市场、水果批发市场、冷贮经营公司和信息咨询公司六个单位。经营范围以蔬菜、果品批发和冷藏为主，兼营干酱调料、粮油食杂、家禽水产、园艺花木等各类农副产品。拥有贮藏鲜菜 2000 吨、水果 5000 吨的冷库一座。设招待所、信息中心、电视、电脑，并且专业治安队伍、公安、工商部门会驻场管理。

湖南长沙农产品物流中心正式开工建设，建成后，农产品交易总量可达 70 亿千克，日吞吐量达 20000 万千克以上。按现有物价水平计算，年交易额可达 700 亿元以上。

湖南长沙农产品物流中心在规划设计上将项目建设内容分为七大部分，即标准化农产品交易区、电子化交易大厅、现代物流加工配送中心、农产品质量安全检测中心、物流仓储、综合服务配套设施、公用配套设施；在功能定位上，实现农产品现代物流的十一大功能，即集散功能、交易功能、冷链仓储功能、配送功能、信息功能、结算功能、质检功能、溯源功能、展示功能、引导功能、资源低碳循环利用功能；在农产品流通模式创新上，积极引进全国联网式客户服务平台、信息发布平台，使用电子结算方式，推行食品质量安全可追溯体系，探索农产品拍卖交易等新型电子商务模式，建立本地农产品展示中心，培育本地优质农产品品牌，实现农产品产销一体化经营服务模式；在项目配套设施建设上，将太阳能、风能以及废弃物回收利用再生、污水循环利用处理等环保节能技术应用于项目的规划设计建设当中；在经营管理模式上，引进全国专业的农产品市场管理品牌——"海吉星"，实现市场标准化经营管理。

项目通过打造先进的绿色硬件设施、引进科学高效的绿色软件管理、强化食品安全监管体系建设、引进绿色市场参与者，建立高效、环保、便捷、低碳的新型农产品流通形式，实现从"单点经营"向"网络化经营"的经营方式转变，将传统批发市场转型升级为现代农产品物流综合服务平台，为解决农产品食品安全、价格稳定、产销链条顺畅、供求信息透明共享等问题探索出一条新路径，全方位保证市民的"菜篮子"能够丰富多彩、物美价廉、安全放心。

（3）"西果东运"中心。

湖南红星冷冻食品有限公司（以下简称红星冷链）成立于 2006 年，地处雨花区经济开发区，距京珠绕城高速出口仅 0.8 千米，占地面积 200 余亩，总库容 160000 吨。公司注册资金 4000 万元，总资产 90000 万元。

红星冷链坚持"顾客第一、安全至上"的服务理念，为进场经营户提供冷冻仓储设施租赁服务和城区各经销点的物流配送服务并向其销售各类冷冻食品，经营的主要产品有畜禽肉食类及副食、速冻食品、水产、豆类、禽蛋、果蔬等。红星冷链市场流通的食品远销广东、广西、湖南、湖北、江西、贵州、山东等地的超市、加工厂、农贸集市等。据统计，红星冷链现有各消费场所、零批客户网店 10000 余个，冷冻食品日吞吐量达到 6000 余吨、日交易额 9000 万元，年交易额 300 余亿元。

2. 打造一批电子商务产业园

雨花电子商务物流园正努力建设成为专业化物流企业提供物流电子商务运作的公共平台，打造物流交易 100% 电子商务体系。高新区移动电子商务产业园区以中国移动电子商务公司的移动商务支撑技术为基础，大力发展移动电子商务，深入开展移动电子商务产业园"二次创业"，打造中国移动电子商务总部基地。构建体系完备、结构合理的移动电子商务产业链，引领移动电子商务的发展趋势。

（1）雨花电子商务物流园。

雨花区作为国家中部地区南北物流通道的重要一环、长株潭区域物流的重要核心和长沙物流节点城市的重要节点，占据了长沙东南两个方向出城口，区内有长沙汽车南站、铁路长沙东站、京广和沪昆高速客运长沙站、长株潭汽车客运站、进出黄花机场的快速通道、107 国道等，交通区位优势得天独厚，发展潜力巨大，发展前景广阔，易于形成物流产业集群效应。目前，雨花电子商务物流园建设项目已列入雨花区"十二五"国民经济与社会发展规划重大项目，对提升黎托南片的发展品质，推动雨花区经济社会发展具有重要意义。

园区选址在黎托南片区，即湘府东路以南、高速铁路以东、浏阳河以西、绕城高速以北的区域，面积约 9.31 平方千米。涵盖东山街道边山村、侯照村的大部分，同升街道（洞井镇）牛头村、新兴村以及长沙县跳马乡白竹村的小部分。

园区拟以电子商务业为主导，重点发展以"快消品"等生活资料为主的网上销售和配送业务，与国内外顶尖物流企业进行协商合作，着力将园区打造成中南地区信息化程度最高的电子商务示范基地。围绕打造中南地区的信息化程度最高的物流中心，拟重点引进电子物流和虚拟物流企业中的龙头企业、5A 级物流企业以及第三方、第四方物流企业。

　　项目建设内容。园区拟采取分期建设、滚动开发的方式逐步推进。拟建设四大区域中心，即分拣仓储中心、物流配送中心、电子商务中心及后勤配套中心，融"批发、流通加工、配送、分拣、仓储、会展展示、商务、信息交易、生活配套、电子交易结算"十大功能于一体。拟将电子信息传输与现代物流模式紧密结合，建设现代化信息交易平台，打造现代化电子商务物流板块，以"档次高、规模大、物流畅、管理优"为特色，成为湖南省乃至中南地区规模最大的电子商务总部基地。

　　该项目建筑面积为 24 万平方米，设计是多层立体仓储，集智能仓储配送、小件快速分拣、电商物流运营等为一体，预计年吞吐量 300 万吨，产值超过 28 亿元，税收 1.2 亿元。目前 8000 平方米的标准仓储快递日处理量约为 2 万单，高度智能化仓配体系日处理能力能提高到 15 万单。作为全市距离中心城区最近的物流节点，雨花电子商务物流园将承接高桥、红星等大市场的物流配送服务。

　　针对长沙现代物流市场需求，以及大规模拆除违建仓库带来的市场缺口，雨花电子商务物流园将引进更多发达的物流仓配体系，提高仓储智能化、周转率，重点与国内外顶尖电子商务物流企业合作，着力打造成中南地区信息化程度最高的电子商务、现代仓储示范基地。园区基础设施建设也在加速推进。

　　（2）高新区移动电子商务产业园。

　　项目拟选址位于长沙高新区信息产业园范围，项目总用地规模 1000 亩左右，总投资 30 亿元，分 3 期进行，一期投资 6 亿元，二期投资 14 亿元，三期投资 10 亿元。将建成集中办公中心、集中仓储中心、物流配送中心、培训中心、咨询顾问中心、会议中心、集中采购中心、大学生创业基地、企业电子商务外包基地、电子商务配套服务基地、电子商务专业孵化器基地等多个功能区。该项目建成后将成为中部地区产业集中度最高、市场辐射力最强的电子商务示范基地。

　　项目区位优势：长沙地处华东经济圈与华南经济圈的结合部，不仅是京广铁路与长江两大产业带的交会处，也是"9＋2"泛珠三角经济圈的腹地。近年来，已成为支撑沿海、沿江发达地区的发展基地和促进内地、西部开发的先导城市，是湖南省内、西南邻省及粤港地区的资金、产品、技术、信息、人才、物流等生产要素的主要聚集地之一，在中国经济战略布局中，发挥着承东启西、连南接北的重要枢纽作用。显著的交通优势，在物流时间及成本上更是为电子商务产业带来了巨大发展空间。

项目政策优势：2008 年，国家发展改革委正式授予湖南省为国家移动电子商务试点示范省。省市各级政府相继出台了《湖南省人民政府关于加快移动电子商务发展的意见》《长沙商务局关于加快电子商务发展的若干意见（试行）》《长沙高新区促进服务外包、电子商务、动漫游戏产业发展暂行办法》等政策文件，把电子商务建设纳入湖南经济战略发展规划，安排专项资金，从关键技术研究、公共平台建设、标准制定、人才培养等多方面予以支持。

项目产业基础：长沙高新区作为国家电子商务示范基地的重要园区，已经形成了集 IT、物流、第三方电子商务、软件、信息化、金融等较为完善的电子商务产业链。目前长沙高新区拥有中国移动电子商务基地、步步高电子商务、拓维信息、鹰皇商务、百信手机网、御家汇、高阳通联等知名电子商务品牌，华菱股份公司、梦洁家纺、多喜爱、怡清园茶业等湖南传统强势企业亦开始积极探索电子商务发展之路。

4.2 融合两种流通模式

试点工作着眼于线上与线下、现货与期货相结合的交易模式创新，满足农产品贸易的多层次、多规模、多种类、多变化的需求。鼓励传统商业企业步步高、家润多等企业从线下走到线上，扶持快乐购、网上供销社等企业从线上走到线下，拓展销售渠道。如网上供销社采用"实体＋网络"模式，线下建立"菜伯伯"放心农产品社区店，线上开通网上供销社商城。南方大宗农产品交易中心是采用现货与期货交易模式最为典型的案例，对稻谷、玉米、油籽等特色大宗农产品期货，采用竞价交易，2014 年已成功举行了国家临时存储粮食竞价交易会 7 场，其中，4 场稻谷交易，3 场玉米交易，交易额达 65 亿元。

（1）步步高云猴网。

步步高集团发布大平台战略暨全国首个 O2O 本地生活服务平台——云猴网上线。该平台涵盖商品、生活服务、文化、医疗、教育等多方面，将为顾客和全体联盟商家提供全方位的 O2O 解决方案。步步高每年拥有 10 亿客流，3000 万会员。目标是到 2020 年在 100 个城市达成 100 万家云猴生活联盟，建立 20 万家本地生活化 O2O 的超级航母。云猴支付品牌——步步宝，是一个支付产品。

（2）快乐购。

快乐购通过快乐购物网、电视、电话外呼、手机、电台等通路，提供 18 个大类、近 6000 种涵盖 3C 家电、数码通信、家居用品、珠宝首饰、美容护肤、箱包服饰、运动休闲以及旅游、保险、汽车等全方位的高品质商品。快乐购在行业内率先推出"快乐购严选品质保证、24 小时免费客服、7 天免费送货到家、开箱验货、货到付款信用卡免息分期、十天无理由退换货"六大服务承诺，给消费者带来安心、快速、便捷的优质服务。快乐购实行以湖南为运营总部的扩张战略，目前已进入湖南、江苏、浙江、广东、广西、湖北、福建、山西、安徽、江西、云南、山东、海南、天津、重庆等地，覆盖 64 个区域市场，覆盖户数超过 3600 万户，会员人数突破 300 万人。

（3）网上供销社。

网上供销社是湖南省供销合作总社领办，由湖南供销电子商务股份有限公司具体承办，致力于连接城乡、服务三农，打造从田园到餐桌的绿色农产品通道，构建全省涉农产品流通的大型信息物流系统。通过与中国移动湖南分公司、拓维信息系统股份有限公司、中国农业银行湖南省分行等战略合作，开展的主要业务有涉农产品网上批发市场、移动供销通手机交易平台、供销商城、中南大宗商品电子交易市场。作为全国供销系统首家移动电子商务平台，网上供销社全面整合供销社行业资源，以最优质、最全面的服务，为农民兄弟解决"买难""卖难"问题。

（4）南方大宗农产品交易中心。

长沙南方大宗农产品交易所有限公司是根据国务院办公厅《关于加快电子商务发展的若干意见》，于 2010 年 11 月，在长沙工商局注册成立的农产品交易市场，注册资本为 1000 万元，主要为农产品经营机构、农产品经纪人提供农产品电子现货交易，并集农产品采购、销售服务、农产品技术指导示范推广、高科技农业新技术的信息咨询服务于一体的现代电子商务企业。公司坐落于长沙开福区芙蓉北路湖南金霞现代粮食物流中心，依托湖南粮食集团的产业优势，以大宗农产品现货贸易为基础，以"服务产业经济"为宗旨，为产业链客户打造集贸易需求、投融资需求、仓储物流、信息咨询、数据处理、流程整合、资金流整合等为一体的产业金融集成系统。形成了"现货商品 + 电子商务 + 金融 + 仓储物流"整合系统，交易所将产业链加大，利于系统的总产值上升。如此可见，在电子商务的环境之下，仓储物流产业的支持下，将实现"产品的证券化"，并提升整个系统的产值。终极目标是形成农产品交易中心、信息中心、定价中心、物流仓储中心。同时，电子商务"嫁接"在金融的功能上，增加资本的融通，加强资本的利用，有利于扩大各子产业的发展与扩张，带动农产品种植技术、仓储物流行业的发展，各行业将伴随着交易市场服务中心的拓展，最后形成产品的大生产、大流通、大市场。

4.3 建设三级交易市场

不断增加政府对具有公益性质的流通基础设施的投入，分三个层次对农贸市场进行了提质改造。全市提质改造农贸市场 207 家，新建 101 家，提质 99 家，加固 7 家，总建设面积约 32 万平方米，各级财政投入约 5 亿元。对大型农贸批发市场，采取股权投资、以奖代补等方式支持湖南粮食集团、马王堆蔬菜批发大市场、经星大市场等大型批发市场建设，使长沙作为中南地区最重要农副产品输入输出节点和流通集散中心的地位日益增固，辐射范围日益扩大。对县（市）批零兼营市场，以市、县两级政府控股或参股的形式，新建或提质改造了宁乡市大河西农贸批发市场和浏阳市农贸批发大市场等项目，重点解决农产品"卖难"的问题，完成了"农贸对接"，形成了地域性农产品集散地。对社区农贸市场，以全资投入、政府回购或回租等方式控制产权，使农贸市场在国有资本的调控下体现公益性。

（1）望城农贸市场建设。

"十二五"规划期间，顺应民心，逐步取缔马路市场，鼓励以"农加超"或"双层结构"形式新建农贸市场，改变当前城区农贸市场辐射半径偏大的局面。规划期内，新建 4 处综合农贸市场，包括南塘农贸市场、桐林坳农贸市场、金甲农贸市场和东马农贸市场；8 处标准菜市场，包括月塘路农贸市场、黄金创业园农贸市场、月亮岛农贸市场、森林海农贸市场、连江路农贸市场、金龙农贸市场、火车西客站社区农贸市场和湘江农贸市场；4 处"农加超"，包括喻家坡农贸市场、职校路农贸市场、斑马湖农贸市场和桑梓农贸市场。

（2）欧乐生鲜直营连锁项目。

该项目由湖南新长久超市发展有限公司实施建设，投资总额 39200 万元。项目通过建立新型的"公司＋基地＋连锁配送＋直营店"生鲜小区直营连锁模式，根据小区规模建设面积约为 100 平方米的旗舰店、40 平方米的普通店和 18 平方米的迷你店三种直营店，打造长沙绿色生鲜销售第一品牌。欧乐生鲜的经营范围是为居民提供厨房一站式服务，主营蔬菜、肉类、水果、其他农副产品、粮油、调味品、厨房用品。欧乐生鲜的经营理念是让农民的钱袋子鼓起来，让市民的菜篮子丰富起来。

项目一期计划完成投资 7800 万元。其中，蔬菜基地建设 5200 万元；置业、装修、租赁费用 1800 万元；设备及其他费用 800 万元。

4.4 构建四项发展机制

1. 构建新型物流机制

完善现代物流服务功能，鼓励企业提供集仓储、运输、加工、包装、配送等一体化的全程物流综合服务。如"天骄动车"城市物流公共服务平台等第三方物流平台项目利用云计算、物联网技术，为农产品建立电子档案信息、全程追踪溯源系统等，充分满足生产基地、农产品流通企业及消费者对物流快速响应的个性化需求。

（1）"天骄动车"城市物流公共服务平台。

"天骄动车"是由湖南天骄物流信息科技自主研发，专门为物流行业提供物流信息的专业平台软件。平台汇聚了全国各地最新公路物流信息，提供物流信息的查询及发布、技术服务与物流交易服务，为物流企业与司机提供丰富的物流资源。软件采用先进的计算机网络通信技术，实现数据共享、信息互通，安卓手机版同步研发上市，可随时随地获得最新物流资讯。为降低物流成本、增加消费者剩余价值、提升物流信息化管理水平、建设现代物流信息化、推动物流产业链的发展做出了重大贡献。

（2）康益肉类产品冷链物流溯源项目。

由于易腐商品在流通中大量变质、腐烂，物流损失率高，不仅给国家带来巨大的经济损失，而且给人们食品安全带来了极大的威胁。发展冷链物流是长沙肉类产品保质增值、农民增收的需要，也是保证食品安全、降低农产品流通损耗、实现区域经济发展的需要。率先在长沙高水平建设肉类产品集成化的冷链物流配送体系，具有重要的示范意义。

通过互联网形成一个完整的系统，在便于管理的同时考虑运营成本，在每个节点都采用特定的技术，如二维码、电子秤、数据库、网络等。本项目专注于肉类产品城市物流配送及其边贸配送效率，实现肉类产品生产和消费的"无缝对接"，以更快捷、安全、营养的方式，将肉类产品送到消费者手中。

2. 构建公共服务机制

长沙消费公共平台项目（鹰皇电子商务支付），以线下实体商家提供线上推广服务，在长沙商务局主办的第六届"福满星城"购物消费节中，为商家带来客流近 1000 万人次，拉动本地消费增长超过 100 亿元。

鹰皇电子商务支付：以线下实体商家为服务对象，提供线上电子商务推广服务公共平台。经过信用认证的线下商家可以通过平台发布活动资讯和优惠折扣信息，把传统的纸质优惠券通过手机 App 形式发放。消费者用安卓或苹果智能手机安装平台 App，就可以实现获取优惠券、手机支付、使用优惠券等功能。

3. 构建科技创新机制

试点重点支持农产品物流企业的信息化建设，引导企业开创电子化交易结算模式，支持试点企业采用高科技管理、交易手段。如长沙肉菜追溯体系采用猪肉灼刻激光码和电子化结算管理，有效保障了数据采集的真实性，实现了肉品来源可追溯、去向可查证、责任可追究，形成安全的供应保障渠道。

长沙肉菜追溯体系：扫描购物小票上的追溯码，就能查到食品的产地、上级批发商等相关情况，为老百姓的菜篮子加上了一道"安全锁"。长沙肉菜流通追溯体系建设技术方案是依据商务部肉菜追溯体系建设"一个规范、八个技术标准、五个统一"、肉菜追溯体系建设考核验收标准和长沙市委"六个走在前列"的要求进行设计的，突出实用与创新相结合，突出长沙特色与综合管理相结合。该方案的设计有十大特色，凸显了长沙肉菜追溯体系的先进性。项目具有以下十大特色。

特色 1：三个大型机械化屠宰场使用激光灼刻技术（配置最高标准）。全国试点城市屠宰行业全部使用激光技术，提高肉菜追溯信息化水平，与北京市同步，在全国并列第一。

特色 2：巡检追溯电子秤。技术与管理相结合，解决对市场使用电子秤的监管难点，全国领先，长沙独有。

特色 3：巡检手持机。对执法人员和市场电子交易的应用实施监控管理，全国领先，长沙独有。

特色 4：生猪养殖基地应用 RFID（射频识别）芯片。在养殖基地给生猪安装 RFID 芯片，表明生猪有"身份证"，全国领先，长沙独有。

特色 5：大型机械化屠场生猪入口处应用 RFID 技术。实现生猪从养殖到屠宰环节的信息自动识别交换，全国领先，长沙独有。

特色 6：城市平台应用。比其他城市多十几项功能，功能更强大、内容更丰富，全国领先，长沙独有。

特色 7：以肉菜追溯体系为支撑，增加市场运行监测、网点建设、布局与功能。通过肉菜体系建设，全面提升商务综合监管能力，功能强大，加大对追溯企业诚信建设，全国领先，长沙独有。

特色8：2个乡镇试点（雷锋镇、干杉镇）。按照商务部要求探索乡镇体系建设，全国领先，探索长沙经验。

特色9：体系建设大多数产品应用国际顶级品牌产品，有效保障了整个体系建设的稳定性、可靠性和安全性，全国领先，长沙独有。

特色10：从种养植（殖）业的生产到终端消费全程。长沙规模以上种养植（殖）基地全覆盖，覆盖面大，体系完善。

4. 构建融资支撑机制

试点积极围绕农产品物流和集散交易，开辟多元化融资渠道，积极引导和鼓励金融机构扩大对大宗特色农副产品物流和集散的信贷支持。如长沙商务局与长沙银行签订了授信30亿元的战略协议，为现代服务业综合试点企业群提供金融支持。长沙中小商贸流通企业服务中心与民生银行建立战略合作，共建长沙小微企业服务平台，为中小型企业提供融资贷款服务。

4.5 推进五个支撑体系

1. 推进农产品冷链物流体系建设

试点加强冷链物流基础设施建设，如批发市场等重要农产品物流节点的冷藏设施建设。截至2014年年底，全市已新建仓储近155万平方米，在建/拟建的常温仓储约320万平方米。全市已建成投产冷库容量总计25.5万吨；拟建/在建冷库容量总计63.2万吨，预计试点期结束，长沙冷库容量将突破100万吨。

2. 推进农产品物流人才支撑体系建设

试点构建了汇聚行业专家、学者的物流专业人才数据库，开展了系列公益培训。2014年8月至9月，组织全市商务系统相关人员远赴新加坡参加"现代服务业发展专题研修班"，有效提高了从业人员的国际视野。

长沙"人才强商"工程和"商务大课堂"系列：于2014年3月7日开办了第一讲。此次培训课程聘请了复旦大学法学院教授兼上海自贸区法研究中心主任龚柏华先生为长沙商务系统干部培训。培训课程为"中国自贸区对地方政府职能转变及经济的影响"。该讲座内容丰富、翔实，囊括了"上海自贸区概述""上海自贸区现行建设成果"以及"上海自贸区对地方经济的影响"三大板块。龚教授为商务系统干部带来了自贸区最新理念和最新情况，深刻分析了自贸区的特点以及作为商务经济人该如何看待自贸区给中国商务经济带来的影响和示范作用。参加培训的人员有长沙商务局局长兼党委书记刘素月及领导班子成员，包括长沙商务局机关干部、局属二级机构主要负责人以及各区县（市）、开发园区商务（招商）局干部，参训学员近 100 人，培训取得良好效果。

2014 年 7 月，针对商务工作实际情况，着力增强针对性和实用性，邀请了中国物流学会常务理事、湖南省物流理论研究基地首席专家、湖南商学院工商管理学院院长黄福华教授为长沙商务系统干部授课。课程内容丰富翔实，为商务系统干部带来了现代物流发展的前沿理念和最新情况，带领大家探讨了如何通过发展城市共同配送促进现代物流产业发展的课题。参加培训的人员纷纷感慨此次听课深受启发，黄教授的讲述紧密结合商务工作实际，着眼现代物流发展潮流，既有理论高度，又有现实例证，深入浅出，针对性、操作性强。

3. 推进农产品物流区域联动服务体系建设

构建区域重点物流园区系统的连通端口，增强长沙农产品物流辐射功能，扩大物流服务范围。"湘品出湘"湖南省湘品名优商品配送基地建设项目整合湖南名优特产特别是食品原辅材料的优势资源；中农传媒联合淘宝网、天猫网、聚划算等电商巨头，打造"特色长沙"公共服务平台，带动了周边各地农产品物流的发展。

（1）"湘品出湘"。

总投资 3 亿元的"湘品出湘"湖南名优商品长沙运营中心项目正式启动，项目占地面积 130 亩，产后预计产值将超 10 亿元，税收过 5000 万元。湖南省湘品名优商品展示贸易有限公司是在湖南省商务厅支持下为响应湖南省委、省政府"湘品出湘"的口号，负责实施打造湖南名优商品全国销售网络，推动湖南名优商品走出湖南、走向全国，而成立的一家现代商贸物流公司，该平台能有效聚合省内优质特色农产品，通过集中展示的平台，打通企业与消费者之间的便捷通道，使企业由"单打独斗"向"抱团取暖"的经营方式转变，进而增加"湘品"的整体竞争实力，实现"湘品走天下"的战略目标。

该项目北京贸易展示中心展厅面积达 3600 平方米，由湘茶区、湘酒区、湘绣区、湘瓷区等 20 个区组成，参与企业达 186 家，展示产品近 3000 种。

（2）"特色长沙"公共服务平台。

近年来，农业电商已经成为继 3C、服装和化妆品等标准化产品的又一新的增长点。中农传媒根据长沙现代服务业综合试点的要求，正按照预定计划，稳步有序地推进"特色长沙农产品流通公共服务平台"（以下简称"特色长沙"公共服务平台）项目的建设。

农产品供求信息的不对称和物流运输欠发达是农产品"买卖难"的主要症结，"特色长沙"公共服务平台利用不同的网络频道销售湖南特色产品，不仅带动了本地农产品的销售，更为农户学习电子商务知识开辟了新的渠道。

自 2013 年 11 月份起，"特色长沙"公共服务平台先后携手沙龙畜牧、淘宝网、天猫网、聚划算、淘金币等多个平台，共同举办"特色长沙"农产品年货展销活动，活动得到上百个商家支持，十多万消费者参与，销售总额达612 万元，直接帮扶的农户和企业达到 100 多家。

2014 年 6 月，"特色长沙"公共服务平台与湖南桂东玲珑茶业公司联袂开展全国免费赠送品尝活动，通过特色湖南壹人壹阿里巴巴批发平台、天猫壹人壹零售平台、中国有机食品网购平台推广，只要在此平台消费即可免费获得玲珑茶包，打响了玲珑茶包品牌。

中农传媒不仅注重电子商务平台各项功能的实现，更重要的是始终把服务三农放在重要的位置，公司每周四有专门的免费农业电子商务培训会，截至2017 年年底，已开展了 100 多场公益培训；同时，针对长沙本地特色农业农户进行一对一的上门服务，例如，2012 年以来，先后针对长沙县跳马乡风驰苗圃种植经营户进行了 10 多次的电子商务培训。培训前，经营户只能被动等待采购商上门收购，年销售额不超过 20 万元；培训后，他们掌握了如何通过电子商务平台发布供应信息，与全国各地的买家谈生意，近半年就实现了 400 多万元的销售额。中国驰名商标金浩茶油、猴王茶叶等也通过中农传媒的深度服务，实现了网络交易额 100% 的增长，销售额均突破了 100 万元。

4. 推进农产品物流配送无缝对接体系建设

试点创新实体加网络、主仓加分仓、基地加直供等模式，实现物流配送无缝对接。如中南粮食物流园建设有 4.4 千米铁路专线及配套散卸坑，5 个2000 吨级泊位，物流园"公、铁、水"三种运输方式无缝对接，有效推动粮油饲料物流"四散化"（散储、散运、散装、散卸），使粮食运输损耗率降低 15%。

中南粮食物流园"四散化"运输：随着我国粮食产量连年丰收和粮食的商品化、市场化发展，我国粮食贸易量逐年增加。数据显示，近年来全国粮食年均流通量超过 2 亿吨，其中仅东北地区就达 5700 万吨。传统运输方式下，我国粮食从产区到销区的物流成本占粮食销售价格的 20% ~ 30%，东北地区的粮食运往南方销区一般需要 20～30 天。由于运输装卸方式落后,每年损失粮食 800 万吨左右。国家发展改革委颁布的《粮食现代物流发展规划》提出,推进粮食 "四散化" 运输的变革,有利于提高我国粮食流通效率、减少粮食流通损耗、增加粮食有效供给。要重点构建全国主要散粮物流通道和散粮物流节点,形成现代化的粮食物流体系。

湖南金霞现代粮食物流中心作为湖南粮食 "千亿产业、百亿物流" 工程的核心项目,是国家 "北粮南运" 战略的重要枢纽,区位优势明显、交通发达、配套完善。物流中心拥有具备散装散卸功能的铁路专用线 4400 米,各式立筒库、浅圆仓、周转仓等配套中转设施 53 万吨,搭建了中南地区最大的粮油饲料交易集散中心。现已建成年产 60 万吨规模的全价料饲料加工生产线,吸引了唐人神、双胞胎、百宜、浏阳河等国内众多知名饲料企业进驻设点。粮食物流业务覆盖湖南全省,辐射周边省市。

距散粮装卸铁路站台不到 3 千米的湘江深水码头建成,以 5 个 2000 吨级泊位为依托,水、陆、铁散粮将实现无缝化链接,立体交通网络将愈加完善。届时湖南金霞现代粮食物流中心年货物吞吐量可达 500 万吨,并且要将其打造成为全国粮食物流主要节点和区域性粮食经济中心。

散粮专列专门用来装运粮食,列车在行驶过程中全封闭运行,完全不用担心粮食受其他杂物污染或受天气因素影响,可确保绿色安全。另外,由于全程采用散装、散运、散卸,粮食不再用麻袋包装,机械化程度高,省时、省力、省料,能有效避免传统粮食包装运输损耗大、效率低、成本高等问题。经测算,1 列 50 个车皮的玉米散粮专列与传统的包粮运输相比,仅人工、损耗等就可节省成本 15 万元。每个车皮的卸车时间由原来的 2 小时缩短到 5 分钟,劳动用工从 200 人降低到 2 人。运输成本大幅降低的同时,工作效率得到成倍提升。

5. 推进农产品物流标准化体系建设

艾尔丰华基于物联网核心技术的农产品质量安全监控体系等项目的建设,计划总投资超过 2 亿元,有效提升了农产品安全系数;晟通物流积极采用国家标准和行业标准,由传统仓储中心向多功能、一体化的综合物流服务商转变,积极参与托盘公共应用系统建设。

(1)艾尔丰华农产品质量安全监控体系。

中国物联网领军企业长沙艾尔丰华电子科技有限公司(以下简称艾尔丰华),坐落于国家级长沙经济技术开发区,艾尔丰华是专注 RFID 芯片核心技术与系统集成的物联网定制专家，有着多年国外著名芯片和 RFID 技术的研发经验，与欧美行业协会、中国科学院微电子研究所、国家物联网发展中心等单位进行战略合作，建设国家级实验室。艾尔丰华拥有全球领先的 RFID 芯片研发制造技术，多次获得各级政府的科研专项资金支持，拥有多项自主知识产权的 RFID 芯片产品，在电路设计、存储算法与工艺等方面有多项关键创新。

艾尔丰华立足湖南，面向国内和国际两个市场，坚持"以国际化合作建立基础、以产学研结合集聚资源、以市场化运作获取发展"的原则，为政府、行业协会及企业充分利用 RFID 芯片与系统集成核心技术提供解决方案，有效对客户资产、业务流程以及客户服务进行管理，提高产品、人员及资产的综合管理能力，帮助提升信息化水平，增强综合竞争力。

艾尔丰华畜牧业安全追溯管理系统，采用公司 RFID 核心技术，融合传感器、无线网络通信、GPRS（通用分组无线服务）、3G 视频传输、计算机通信等物联网技术，实现畜产品从养殖、屠宰、流通到销售各环节的跟踪与追溯，确保产品"从农场到餐桌"质量安全和全面可追溯。系统投资少、操作简单、易于普及推广。系统具备三大功能：一是有助于政府对肉类进行全面监管和产品召回；二是帮助畜牧企业降低养殖成本，提升品牌附加值；三是全程可追溯将增强消费者的信心。此外，艾尔丰华首创的溯源营销推广模式，为养殖企业提供基于手机媒体的营销新手段。创新的在线订购与远程监控服务，可让顾客通过手机或电脑实时查看其订购的猪的成长过程。系统架构如图 4-1 所示。

本系统采用多层结构，共分为接入层、展现层、业务层和基础设施层四层。

①接入层。用户使用 PC（个人计算机）、手持移动终端通过不同接入方式（Internet、VPN、GPRS、Wi-Fi）接入到艾尔丰华畜牧业安全追溯管理系统。

②展现层。它提供一个内部信息交互及所有业务系统的统一表示和展现入口。实现应用展现、数据展现、访问认证授权、用户管理。展现层将实现 PC 端浏览器展现方式及手持移动终端展现方式。

③业务层。作为艾尔丰华畜牧业安全追溯管理系统的具体应用实现，其包括养殖环节管理，屠宰环节管理，客户视频订购应用，猪耳标授权应用，以及综合管理。

④基础设施层。其包括基础网络及硬件设施等，保证系统的正常运行、访问。系统还包括贯穿各个层次的系统维护及安全管理和系统接口管理。

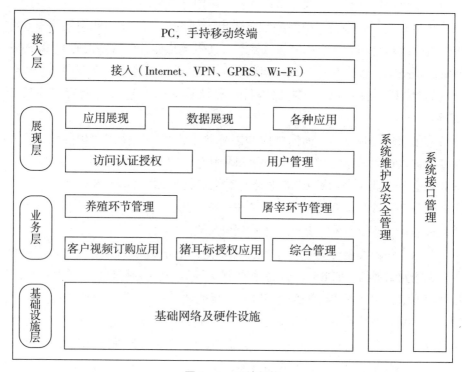

图 4-1 系统架构

系统操作流程主要包括以下几个环节。

①养殖环节：在牲畜出生饲养的时候，在其身上安装 RFID 标签。此后饲养员用一个手持设备，不断地设定、采集或存储它成长过程中的信息，从源头上对生产安全进行控制。此环节标签主要是记录牲畜在养殖场中生长发育、饲料配方、用药记录、检疫等信息，并将该信息提供给下一个环节。

②屠宰环节：在屠宰前，读取牲畜身上的 RFID 标签信息，确认牲畜是有过防疫记录并切实健康，才可以屠宰并进入市场。读取宰前活体的 RFID 电子标签中的信息，使用电子秤称重，并使用满足屠宰工艺要求的二维码打印机将宰前活体 RFID 信息、宰后重量、屠宰单位和日期等信息一并自动打印于二维码中，并与宰后胴体一并进入检疫环节。

③检验检疫环节：屠宰结束后的肉品接受检验检疫部门检疫，检验检疫部门读取该肉品的二维码信息，并将检疫结果上传服务器。对于检疫合格的肉品，系统将检疫检测结果、检疫单位、检疫日期等相关信息添加到二维码中，该二维码将同肉品一并封存进入下一环节。

④流通环节：首先用手持 RFID 读写器读取运输车辆的车载 RFID 卡，其上记载车牌号、运输单位、是否检疫消毒、检疫消毒日期等信息。然后进行肉品装车。装车完毕后，系统自动记录装车时间、出发地、目的地和车载 RFID 卡信息等，并根据这些数据产生封识号。运输实行全程铅封处理，下一环节接收肉品时，检查铅封，核对车牌号、封识号，完好无误后放行。

⑤销售环节：肉品进入销售环节后，经营户对其进行分割、包装、出售。对于每一份分割品，经营户可用手持设备读取肉品信息，并将追溯码赋予肉品信息和商户信息。此追溯码会同分割包装一起交到消费者手上。对于不需要包装的情况，经营户可在肉品出售时把追溯码信息用溯源电子秤打印于收银条上交给消费者。

（2）晟通物流托盘标准。

作为物流产业革新的创新产品之一，托盘现已广泛应用于生产、运输、仓储和流通等领域。托盘作业是迅速提高搬运效率和使材料流动过程有序化的有效手段，在降低生产成本和提高生产效率方面起着巨大的作用。托盘的研究主要集中于建立共用服务供应链系统，而托盘制作的使用材料也是物流业节能减排的重点。

托盘作业的实行，提高了装卸效果，在现代物流运输业中广泛应用，使仓库建筑、公路、铁路和其他运输方式的装卸设施都发生了变化。随着生产设备越来越精密，自动化程度越来越高，托盘的应用越发显得重要，托盘制作的使用材料成了物流业节能减排的重点。超轻铝制托盘是根据低碳、节能概念开发而来的，是目前托盘产品种类中最环保的材质。与木制托盘、钢制托盘、塑料制托盘相比，铝制托盘重量轻、强度好、不易生锈磨损。它克服了非金属材料易受潮变质变形的弱点，适用于出口产品的空运及远洋运输。随着经济的发展，托盘化作业在经济行为中所占比重越来越大。据预测，中国未来 10 年托盘的需求会超过 70 亿片。

铝制托盘回收再利用率达到 100%，残值高，符合美国、加拿大、欧盟颁布的对中国进入其国货物包装材料的法令要求。

低碳、节能是全球发展趋势，先进的物流生产运作应该契合环保理念，成为低碳经济的支撑。铝制物流车、铝制托盘等设备的生产发展应该符合低碳时代要求，避免环境的污染和资源的耗费。在低碳物流和绿色物流的发展背景下，积极引入新技术、新工艺、新材料，铝材料在未来物流业中将有着很好的发展前景。

5 "长沙模式"的创新典型项目评价与分析

5.1 物流配送典型项目评价与分析

5.1.1 食品安全有保障,辐射带动效益大——湖南长沙农产品物流中心(一期)项目

1. 公司基本情况

长沙马王堆农产品股份有限公司是国家级农业产业化重点龙头企业,全国首批公益性示范市场,商务部"百家百亿"市场,农业农村部定点鲜活农产品中心批发市场,湖南省、长沙重点"菜篮子"工程。公司主营农产品的批发、零售、储藏等业务,下辖湖南长沙农产品物流中心(现更名为长沙黄兴海吉星国际农产品物流园)、马王堆蔬菜批发市场、毛家桥水果水产禽类产品大市场。为满足城市快速发展、农产品供应量日益增加的需求,根据省、市领导的指示,公司在长沙县黄兴镇新建湖南长沙农产品物流中心(现更名为长沙黄兴海吉星国际农产品物流园),并按照"大规模、高起点"的要求进行规划和建设,项目总规划面积近 1000 亩,分两期开发建设,总投资额 20 亿元。

2. 项目建设完成情况

(1)建成蔬菜标准化交易大厅。项目建成了蔬菜标准化交易大厅 10 栋,总建筑面积 78241 平方米。根据蔬菜交易品种的不同,蔬菜标准化交易大厅分为月台式交易大厅 6 栋、落地菜交易大厅 2 栋和车板交易大厅 2 栋。其中,月台式交易大厅主要经营辣椒、茄子、豆类、萝卜、黄瓜、莴笋等流通量比较大的蔬菜品种;落地菜交易大厅主要经营姜、蒜、淮山、红薯等耐储存的蔬菜品种;车板交易大厅主要作为蔬菜二级批发商的中转交易场地。

（2）建成综合大楼。项目建成了 4 栋综合大楼，总建筑面积 75514 平方米。由 2 栋 5 层建筑、1 栋 6 层建筑和 1 栋 7 层建筑组成，涵盖了肉类交易区、配送中心、办公区、客服中心、电子结算中心、检测中心、信息中心、配套住宿、海吉星商务中心以及银行、餐饮、医疗、超市等相关配套设施。

3. 项目建设的特色

1）项目设计理念超前，从源头上解决市场常见问题

根据省、市领导的指示，项目按照"大规模、高起点"的要求进行建设和运营，以适应农产品大流通发展需要。整体规划设计是引进国际先进理念，邀请具有 40 年悠久历史、在业内享有崇高声誉和地位、规模和水平世界一流的法国翰吉斯国际市场的专业人员进行全方位指导。在场内设计方面，一是根据交易品种进行分区，月台式交易大厅的工作效率将比传统市场人工搬运提高 10 倍，月台上装有磅秤，蔬菜上磅秤自动电子结算，交易全程可追溯；二是设置宽敞的对车交易（两台货车朝相反的方向拼起来进行交易）区，可减少尾气排放、减轻卸货烦恼；三是大厅有良好的采光和通风设计，而且预留了未来升级的可能，一旦有全冷链需要，只要花费很低的成本，就可以改造成为全空调的温控空间。在交通设计方面，科学设计场内道路宽度，并充分结合交易需要和车流特征，分别在整个园区、区与区之间、栋与栋之间实行大、中、小循环的交通设计，在设计源头上解决农批市场内交通不畅、拥堵等常见问题。

2）与第三方检测机构及政府部门联手，保障了食品安全

食品质量安全问题一直是公众关注的焦点，长沙黄兴海吉星国际农产品物流园（以下简称长沙海吉星），秉承海吉星品牌"绿色交易"之核心理念，高度重视食品安全管控，严把食品安全质量关，为市民提供真正的"放心菜"。本项目投入巨资建设农产品检测科技中心，并与 FQT（深圳海吉星农产品检测中心科技有限公司）实现全面合作。FQT 是国家商务部流通产业促进中心与深农集团合资成立的，具有国际认证的第三方检测机构，黄兴海吉星食品安全检测中心挂牌 FQT 长沙分中心，显著提高新市场在食品安全检测、预警、数据分析、基地管控、终端服务等领域的管控水平和服务能力，帮助经营者有效防控进货货源风险，保护其在经营活动中的合法权益，更为进一步提升城市食品质量安全管控做出有益实践，为餐桌安全保驾护航。

3）推行电子化结算，真正实现了食品安全和流通信息可追溯

项目积极配合政府打造长沙"放心肉""放心菜"服务体系建设工作，

在打造标准化蔬菜交易区和滑轨肉类交易区的基础上，全面推行由原始的对手交易手段向电子化交易转型，实现全品种、全过程电子化结算，录入买卖双方、交易过程、交易信息，与国际先进的交易模式接轨，达到流通信息可追溯要求，实现交易资金安全、信息共享、产品安全、效率更高。

4）打造 "互联网＋蔬菜" 枢纽，创建农产品电商产业新旗帜

首先，逐步深入推进信息化管理。一是完成物流园市场一期的两 "心"、三 "网"、四 "平台" 的建设。目前停车场管理、进场收费管理、会员管理、财务结算管理等系统已上线使用，实现了各类信息的及时整合与共享；二是网络、监控、广播、停车场、肉批等项目的弱电系统建设已覆盖整个园区；三是严控数据风险，保障信息数据安全，对涉及信息一体化平台的使用，均严格按流程审批。

其次，正在规划设计和筹建湖南农产品电商总部大楼。利用市场平台和城市配送的后台支撑优势发展农产品电商产业平台，通过与长沙食品药品监督局合作创建 "湘菜在线" 来驱动电商业务实现快速发展，邀请深农集团乃至全国农产品电商企业共同创建一个全国农产品电商产业新旗帜，成为产业政策洼地。

5）创造成功搬迁奇迹，成为业内典范

公司上下众志成城，经过全员努力，长沙马王堆农产品股份有限公司创造了一年内（2015 年 4 月到 2016 年 4 月）从平地到市场竣工并成功开业的发展奇迹，实现了从马王堆到海吉星的成功跨越。

经过严密部署和精心准备，在搬迁前各项策略得当和工作准备充分、各种疑难杂症提前逐一解除的情况下，公司成功实现搬迁开业期间没有补贴、没有留下一个钉子户、没有发生一起维稳事件的 "三个没有" 行业奇迹，是全国农产品市场成功搬迁的典范。

4. 项目建设的效果

1）宣传效果明显

该项目属于省市重点 "菜篮子" 工程、省市重点建设项目、长沙三大市场迁建引领工程。项目自 2012 年 11 月 9 日奠基以来，得到了中央、省、市、县各级媒体的高度关注。项目的重大动态以及各级政府领导现场调研活动都得到了电视、报纸、网络各大媒体的争相报道，据初步统计，各类报道次数达 100 次以上，社会关注度极高。在项目选址、工程奠基、项目建设、主体建筑封顶、建成开业、后期运营的关键节点上，中央电视台、湖南卫视、湖

南经视、湖南都市、长沙新闻频道、长沙政法频道、湖南日报、潇湘晨报、三湘都市报、长沙晚报、中央人民广播电台、省电台新闻频道、省交通频道、新华社、新华网、国家商务部网站、长沙商务局网站、搜狐网、红网、华夏经纬网等中央、省、市多家电视电台媒体、平面媒体、网络媒体,对项目进行了全方位跟踪报道。项目的先进性和示范性在全省乃至全国都得到了很好的推广,并形成了较高的社会认知度,试点效果显著。

2)经济效益提升

一座运营25年的老市场几乎在一夜之间实现整体零缝隙转场,物流园开业即出现进场排队、场内车辆拥堵、场内交易门面爆满的繁荣景象。正式开业当天进场车辆超过9000台,交易量达到12000吨,形成交易购销两旺的局面及"一位(车位)"难求的旺市。

物流园开业一周年以来,市场交易量达485万吨,交易额达497亿元,日均交易量达1.1万吨,日均进出车辆达9000辆,蔬菜的平均价格下降10%,市场交易量、交易额以及进出场车辆均比马王堆蔬菜市场增加40%左右,蔬菜品种达到216种,较以前增加100余种,由原来的全国排名第三跃升为全国第二大蔬菜枢纽中心市场。下阶段,公司还将继续巩固物流园在全国蔬菜流通领域的战略地位,争创全国最大的蔬菜枢纽中心市场。

项目的建设和运营,带动基地面积100余万亩,辐射带动农户50万户以上,间接提供就业岗位10万个以上;进一步活跃区域经济,带动餐饮、物流、服务等相关产业发展,率先引领长沙实现"三市"战略,助力品质长沙建设。

2017年实现交易额696亿元,利润额8072万元,税收2785.849万元,就业人数14705人。

3)社会影响力大

物流园着力走农产品批发的品牌之路,通过传承公司发展理念,树立品牌意识,在短短一年内快速崛起,更得到了社会的认同、客户的认可以及行业的尊重。

2016年9月23日,在长沙举办的世界批发市场联合会年会期间,来自世界各地的238位农产品行业精英到长沙海吉星进行技术观摩,长沙海吉星从规划设计到交易规模再到管理服务得到世界同行的广泛认可。

2016年12月,湖南省委常委、长沙市委书记易炼红带领全市各单位、各区县一把手200余人到长沙海吉星进行管理服务观摩。

2017 年 3 月 29 日，长沙海吉星代表长沙获得了 "全国首批公益性农产品示范市场" 的称号，长沙海吉星经验将在全国进行广泛推广。

2017 年 4 月，始终以落实海吉星管理创新为责任的长沙海吉星物管部代表荣获 "全国工人先锋号" 光荣称号。

5.1.2 建设现代果蔬冷链，保障食品安全可靠——果之友果蔬冷藏保鲜及仓储配送中心项目

1. 项目基本情况

湖南果之友公司始创于 1997 年，是一家集水果蔬菜收购、种植、加工、保鲜储存、物流配送、批发、零售、连锁直销、农产品保鲜技术研发与推广为一体的专业化生鲜农产品企业。注册资本 3000 万元，员工近 400 人，年营业额近 5 亿元。为进一步落实长沙 "菜篮子" 工程惠民政策，根据公司的发展规划，公司在长沙县黄兴镇现代市场群新建 "湖南果之友果蔬冷藏保鲜及仓储配送" 中心。该项目毗邻马王堆蔬菜批发市场新址，已被纳入长沙现代服务业综合试点第一批支持项目。湖南果之友果蔬冷藏保鲜及仓储配送中心项目拟新建一处布局合理、结构优化、功能完善、管理先进、服务规范的水果蔬菜冷藏保鲜、仓储加工、安全检测、物流配送中心。围绕农业和农村经济结构的战略性调整，转变农业发展方式，以提高资源利用效率和生态环境保护为核心，建立资源节约型、环境友好型蔬果冷链物流体系。依靠科技进步发展果蔬采后贮藏保鲜新技术，建设一站式冷链物流配送综合服务体系。有效满足市场对各类蔬果产品的需求，辐射带动当地发展果蔬种植业，有利于新农村建设和发展，提高了农业效益，增加了农民收入，促进了当地经济发展。

2. 项目建设完成内容

根据实际生产需要，结合业务发展方向，建设了水果蔬菜冷藏保鲜、仓储加工、安全检测、物流配送中心、研发中心和综合用房（农产品保鲜技术研发中心、蔬果产品展示、农药残留检测及产品追溯管理中心、电子结算中心、办公及配套功能用房）。平面布局遵循从实际出发原则，因地制宜、节约用地，充分利用地形地质条件合理改造地形，满足物流区用地要求。新建厂区统筹考虑道路、建筑、地面排水、工程管线的具体布局要求。

物流园区道路采用城市型水泥混凝土道路，围绕各建筑物成环形布

置，主干道宽 14 米，副道宽 12 米，同时充分考虑厂区内部通道与外部道路的贯通，留足消防通道，在形成简捷的单向运输路线的基础上，能够满足厂内运输以及厂区消防疏散等要求。物流园前区、道路两侧及建筑物周围皆予以绿化，种植花草和树木，已达到减少空气中的灰尘、降低噪声、调节空气温度和湿度及美化环境的目的，为工作人员创造一个良好的户外活动场所。

公司建设完成一个存储规模 30000 余吨，集果蔬冷藏保鲜、肉类等食品冷冻、分选加工、包装、检疫检测、农超、农校及农企对接、冷链配送、销售于一体的现代化仓储配送及加工中心。

3. 项目建设的特色

本项目结合"企业＋基地＋农户"的生产管理模式，以"多渠道、大流通、大市场"为创新理念，建立科学的"采前管理—采后处理—贮藏保鲜—包装—销售全程监督控制"的现代冷链物流综合服务体系。采用先进的服务设备以及国内顶尖的冷库信息管理系统，实现保障货物存储质量安全，通过 O2O 交易、仓储、配送、大数据运用、供应链金融、综合配套等多种服务功能优化组合，从而形成多功能集约化的"市场商贸＋物流"综合体，实现平台价值（价值链、供应链、服务链三位一体）。

项目通过公司海外直采基地将海外生鲜"引进来"，通过国内直采基地实现国内生鲜"走出去"，通过全国销售网络＋实体店等多渠道扩张，并通过生鲜仓配中心直达消费者，实现生鲜全产业链一体化服务。在果蔬采购、质量检测、基地选择、产品包装、产品运输、配送等节点上梳理建立了一整套完整的标准流程、管理体系，确保果蔬产品从源头至消费者过程中无缝对接，快速复制，拓展市场和销售渠道。

项目利用公司在果蔬流通行业的龙头优势，率先在全国打造果蔬冷藏、检疫检测及配送方面的冷链物流标准化体系建设，使本项目朝专业化、社会化及规模化方向发展。业务涵盖果蔬订单式种植与收购、加工、进出口贸易、批发、商超配送、连锁专卖、电子商务等各个环节，形成了国际贸易、终端零售及冷链物流三大支柱产业，在全国同行业中处于领先地位。

4. 项目主要成效

项目可提供日均储存 10000 吨以上果蔬冷藏保鲜、分选加工、包装、检疫检测服务，并能提供日均 1000 吨以上果蔬类冷链配送服务及果蔬交易价格等电子公共信息平台服务，能满足当地果蔬行业加工及储存需求，并将引导

生鲜果蔬企业走 "节约发展、清洁发展" 之路，具有很好的促进作用和现实意义。该项目在省内外合作建设上万亩专业蔬果生产基地，在全球主要水果产区有自有基地和长期合作农场，成为车厘子、榴莲、龙眼、火龙果、山竹等进口品类的市场领跑者。作为全国主要大型连锁商超的果蔬供应商，目前服务与合作的门店达 1000 多家，并开展蔬菜订单式种植与收购、加工及配送业务。每日服务消费群体 10 万人次以上。2017 年实现营业收入 15306.34 万元，上缴税收 246.12 万元，就业人数 203 人。

一是满足人民对健康美好生活的愿望。进入 21 世纪，人们对蔬菜的消费需求已从单纯的 "数量消费" 向 "质量消费" 转变，新鲜、方便、营养、安全的生鲜果蔬等绿色食品、有机食品受到人们的普遍欢迎。以良好的生态环境、先进的深加工技术和先进的生产设备为特色的生鲜果蔬深加工企业应运而生。项目通过建立现代冷链物流综合服务体系，对生鲜果蔬进行科学的采后商品化处理、贮藏保鲜和深加工生产等，保障了人民群众健康权。项目的建成不仅有利于市民吃到更多、更新鲜、更安全的果蔬，更有利于当地农民的产品长期储存、错峰上市。

二是提升生鲜果蔬价值，提高农民收入。生鲜果蔬采后保鲜与深加工产业既是促进生产、搞好产后加工的桥梁，又是提高农民收入、促进果蔬出口贸易的重要措施之一。项目重点建设农产品现代冷链物流，既减少农产品产后损失，又带动农产品跨区域流动，对我国农业现代化发展、农村经济增长以及农民收入提高将起到关键性作用，是我国社会主义新农村建设的重要内容。项目对转变农业发展方式、提高资源利用效率和保护生态环境，引导生鲜果蔬企业走 "节约发展、清洁发展" 之路，具有很好的促进作用和现实意义。

三是保障超市生鲜果蔬质量安全监管。因为产品质量安全监管成本较高，无论是农贸市场还是超市，基本上没有建立产品质量安全检测设施与制度。项目承担单位依托本身拥有的大量超市客户，将蔬果产品检测、加工、分级、包装后再通过冷链运输送到超市销售，解决农产品的安全性和质量管理的问题。

5.1.3 以智能物流发展模式，打造公共物流运输平台——晟通公共物流平台与共同配送体系建设项目

1. 公司基本情况

晟通集团成立于 2003 年，是一家高速成长的大型高新技术股份制民营企

业，是中国铝精深加工十强企业。公司注册地址为长沙望城经济技术开发区，注册资本 20 亿元，正式员工 7500 余人。现拥有 25 万吨/年高精铝箔、15 万吨/年轨道交通型材、5000 台/年轻量化汽车、5 万吨/年铝合金绿色建筑模板、公共物流平台与共同配送体系工程、纳米环保新材料等项目。同时，也在发展房产服务、电商贸易等多元化产业。集团始终坚信只有走科技创新和管理提升之路，传统产业才能持续发展。集团正在现有产业基础上，向上下游延伸，构筑更加完整的产业链，力争成为具有国际一流管理水平和核心竞争力的知名企业。每年公司提供不低于销售收入 5% 的研发资金，通过课题和项目形式支持科技研发，同时通过横向课题的承担，获取国家科研经费支持。公司累计立项实施科研项目 139 项，涵盖了环保节能、设备及工艺改进、新产品、新能源研发等领域。

2. 项目完成情况

1) 提供运输等供应链一体化服务，构建平台型公共物流聚集区

项目总计投资 66562.6 万元，项目实际用地面积 212440 平方米，总建筑面积 158008.88 平方米。公共物流运输集散中心：已建成高库房 3 栋，仓储总面积 78817 平方米；零担及专线交易服务区，占地面积 8860 平方米；露天堆场，占地面积 48760 平方米；已开通干线运输线路 30 条，购置干线运输车辆 145 台。城市共同物流配送基地：已整合购置共同配送车辆 55 台，并通过城区配送资源的整合，建成城市共同配送集散中心。城市公共物流交易信息平台：已搭建五六联盟物流电子商务系统，可提供物流信息实时共享交易平台。物流综合服务平台：已建成总部办公基地，占地面积 8510 平方米；信息交易中心，占地面积 2640 平方米，并可为入园企业提供一站式办公场所，并通过五六联盟物流电子商务系统实现物流信息交易实时化。

晟通物流着眼于长沙及周边地区旺盛的农副产品物流需求，把握现代农副产品销售渠道的发展特点。自承接项目以来，晟通物流将企业发展重点领域定位在农副产品物流，先后与旺旺、康师傅、千惠超市、步步高汇米巴等省内大型农副产品企业签订战略合作协议，开启高标准现代化农副产品物流体系建设的篇章。目前晟通物流在全国已建立 30 多个场站，拥有近千辆牵引货车和铝制轻量化半挂车，自行研发的轻量化汽车和甩挂运输等项目得到了省、市政府和国家有关部委的大力支持，显著降低城市物流能耗与污染。通过构建公共物流运输集散中心、城市共同物流配送基地、城市公共物流交易信息平台、物流综合服务平台，提供含运输、仓储、配送、金融等供应链一

体化服务，构建平台型公共物流聚集区。项目主要服务于农副产品物流，形成区域性公共物流平台和制造业物流集散中心，显著提升社会物流运营效率；建成长沙重要的农副产品仓储、配送与分拨中心，打造中部地区重要的农副产品物流平台；构建长沙城市农副产品共同配送体系，打造绿色城市物流，显著降低城市物流能耗与污染；建成中部地区层次高、功能全、服务好的公共物流平台和共同配送示范基地。

2）采用共同配送的模式，整合物流产业资源的智能物流发展

长沙商务局认定其为 "两创试点物流集聚区建设试点园区"。本项目充分考虑望城经开区经济社会发展和产业结构调整需要，依托望城区独特的地域及区位优势，高标准打造特色高端物流产业，弥补了望城区没有大型现代物流业仓储的产业发展短板，为实现望城经济社会 "又好又快" 发展提供坚强保障。同时发挥辐射带动作用，提高先进制造业国内配套能力。晟通物流园的设立有利于引进一批带动性强的行业龙头企业，发挥制造业辐射能力和积聚效应，促进国际资本、技术、信息向外延伸和辐射，吸引大量相关零部件供应商在周边设厂，发挥协同效应，形成国内配套产业集群。

晟通物流园公共物流运输集散中心以服务农副产品为主，建设 3 栋高标准库房，仓储总面积共 95296.5 平方米。项目带动物流装备产业的发展。构建城市共同物流配送基地，以服务农副产品和快速消费品为主，整合城区配送资源，建设城市共同配送集散中心。晟通物流通过智能物流信息技术，对农副产品物流领域进行全程溯源管理。采用共同配送的模式整合物流产业资源，打造了 "物流干、仓、配业务一体化" 的新型运作模式。晟通物流园对物流系统的功能、资源、信息、网络要素及流动要素等进行一系列规划、管理和评价，通过要素之间的协调和配合使所有要素能够整体运作，达到物流整体优化的目的。晟通物流园为专业化物流企业、工业企业、商业企业等提供物流运作设施和集成环境，打造立足 "大河西"，服务 "3 + 5" 城市群，辐射中南地区的国家级区域物流枢纽中心。

促进城市的可持续发展，实现长沙物流资源节约与环境友好。晟通物流的城市公共物流交易信息平台搭建基于 O2O 技术和移动电子商务技术的物流信息实时共享交易平台，切实提升了物流信息化水平。同时建立了与供应链上下游无缝对接的监控与溯源体系。项目物流设施的建设、物流装备的选择、物流运作流程的设计、物流运营管理模式的选择等都紧紧围绕 "安全"，不惜一切代价确保货物安全、设施安全、设备安全、人员安全，最终确保农副产

品的安全。严格按照安全生产法规，完善安全管理组织架构，落实安全生产责任制。实现农副产品"生产—物流—消费"全程信息化监控，确保农副产品的安全。

3. 项目实施效果

1）社会认知度较高，舆论普遍肯定试点效果

在第十三届中国物流企业家年会颁奖仪式上，大会依次对获得"2015 中国物流十大年度人物""2015 中国物流杰出企业""2015 中国物流实验基地、示范基地""2015 中国物流十佳成长企业""2015 中国物流创新奖""2015 中国物流社会责任贡献奖""2015 宝供物流奖""2015'林安杯'物流十佳论文和优秀论文奖"等殊荣的个人和企业进行颁奖授牌。晟通物流获得了"2015 中国物流创新奖"和"2015 中国物流十佳成长企业"两项大奖，成为年会的大"赢家"。据统计，本届年会共计吸引了 1200 余名国内外知名物流企业负责人、物流及相关行业协会及各地政府物流工作牵头部门的代表前来参加。

2）绩效达成目标

晟通物流目前服务网络遍及国内 90% 的经济中心，2015 年获得湖南省物流行业综合实力二十强企业，公司成立至今已取得了"ISO 9001—2008 质量体系认证""国家公路甩挂运输第三批试点单位""市安全运输示范单位""中国物流与采购联合会会员单位"及"湖南物流与采购联合会理事会单位"等多项荣誉。

项目建设对推进长沙现代服务业发展水平、促进产业结构调整、改善投资环境、提升长沙的整体竞争实力产生重要影响，明显提升了长沙农副产品的产业链整体发展水平，带动周边省市服务业发展，促进就业，同时扩大纳税规模，服务当地经济社会发展。

4. 项目特色及创新

为更好地实现项目试点效果，同时打造核心优势，提升平台综合竞争力，晟通集团于 2014 年专门针对"晟通公共物流平台与共同配送体系建设项目"成立了晟通国际融资租赁有限公司，注册资金 38000 万元，旨在为中小型物流企业解决资金紧、发展难的瓶颈问题。晟通国际融资租赁有限公司借助集团完整的产业链优势，整合晟通集团资源，提供独具特色的融资租赁服务。晟通物流建立创新型金融产业，集融资与融物、贸易与技术更新于一体，专业服务于物流中小企业，以及银行、小贷公司、担保公司等平台。

本项目是以"第三方物流企业为主导"的物流园区和"公共物流运输集

散平台"的示范，物流园区建设方与客户一起共同建造了区域物流航母，为同类型物流园区的建设提供了示范。晟通物流园的设立为长沙经济社会发展的制造业和商贸流通业提供新的服务和发展平台，加速优质生产要素和资源向长沙晟通物流园流动和集聚。

晟通物流园公共物流运输集散中心带动物流装备产业的发展。构建全方位农副产品服务物流体系，打通农副产品流通领域的物流瓶颈，带动农副产品供应链上下游企业的融合发展。配备高起点、高标准的仓储设备、装卸搬运设备、运输设备、配送设备、物流信息技术设备等，带动物流装备产业的发展。

5.1.4 建设智能化 CO_2 制冷冷库，探索冷链物流新模式——沃霖农副产品冷链物流中心建设项目

1. 项目基本情况

长沙沃霖农副产品开发有限公司（以下简称沃霖公司）是一家从事现代冷链物流的专业公司，具有数十年农副产品经营的经验。沃霖公司的核心业务主要是对接全国及东盟地区的农产品、果品、海产品的冷藏保鲜及冷链物流。沃霖公司承建的沃霖农副产品冷链物流中心位于长沙经开区东四线，毗邻黄花国际空港城、机场高速、京港澳高速、长永高速以及园区密集的路网为出入基地的主要通道，交通网络十分发达，地理位置得天独厚。

沃霖农副产品冷链物流中心第一期投资 2 亿元（达到了项目拟投资额的157%）兴建的 5 万吨级冷库，是国内库容最大的 CO_2（二氧化碳）制冷冷库，同时也是中南五省第一家 CO_2 制冷冷库。冷库总占地面积 50 亩。项目总建筑面积 50389 平方米，主要建设内容为 1 栋 5 层楼的冷库，其中一层到四层为低温库，库温控制为 −20 ~ −18℃（主要存放鸡副、鸭副、牛杂、板油、冷冻海鲜等）；第五层为高温库，净高 8.1 米，库温控制为 ±5℃，温度可自动设置（主要存放红枣、桂圆干、葡萄干、墨鱼、鱿鱼、萝卜条、木耳、水果以及各类冷饮），其中一楼采用排管，二层到五层采用冷风机。有 3 栋门面及相关辅助设施，冷库库容量为 54430 吨，年货物吞吐量达到 50 万吨。

2. 项目建设完成情况

1）中南最大 CO_2 制冷 5 万吨冷藏保鲜库建设

本项目 5 万吨冷藏保鲜库采用最先进的 CO_2（二氧化碳）制冷技术。CO_2 作为一种天然工质，对人体健康与居住环境无危害，无毒且不会分解出刺激

性物质，不可燃也不会爆炸。CO_2作为环保工质，具有优良的传热性能和流动特性，且对食品无污染。

CO_2制冷系统比传统制冷系统效率高 5%～10%，按平均 7.5% 计算，本项目 5 万吨冷藏保鲜库如全部采用 CO_2 制冷系统，将减少设备装机功率 30000千瓦，每年节省电力约 1.35 亿千瓦·时，为企业节约成本上亿元。沃霖冷链冻结物冷藏间系统制冷量 1400 千瓦，按每天开机 12 小时计算，每年节电可达 202710 度。

2）冷藏保鲜技术研发中心建设

近年来，冷冻冷藏食品在食品中所占的份额越来越大，尽管冷冻冷藏是保证食品品质较好的方法之一，但发生的冷重结晶现象使产品缺乏新鲜食品特征。沃霖公司在董事长彭青松的领导下，依托其中南地区第一家 CO_2 制冷剂制冷冷库的优秀平台，成立冷藏保鲜技术研发中心，组建研发团队，围绕着冷冻冷藏食品内部的晶核的形成以及存放中的变化规律，深入开展冷冻冷藏保鲜技术的研发。

食品冷冻冷藏保鲜技术的研究不仅仅是为了解决食品保鲜的难题，更向广大食品厂商、农业养殖提供可靠的技术保障，有力地促进食品工业和农业的发展。自开业以来，每年投入上百万元资金进行技术研发，现已在农产品采后保鲜、果品涂膜等方面获得了丰硕的成果，已为全国多家食品企业提供食品防腐保鲜技术，有效延长了这些企业的食品保质期，在保障食品安全方面，发挥了十分重要的作用。

3）冷链物联网监控系统建设

项目建设有冷链物联网监控系统进行温湿度管理，系统采用冰轮物联网监测系统，可随时随地掌控库温、制冷系统运行状况。一旦出现警报，系统能第一时间就事发点、事发原因发送至烟台冰轮总部、长沙县安监局指挥中心以及公司管理人员的手机中，系统还能够在短时间内分析并给出最优的解决方案。

3. 项目主要成效

项目运营采取"公司＋基地＋农户"的模式，以保底价收取农民的蔬菜水果等，带动了水果蔬菜种植面积 25 万亩，每亩每年效益 2000 元左右，共增收 5 亿元左右；带动生猪养殖 200 万头，增收 2 亿元左右。目前沃霖公司已与长沙、株洲、湘潭、岳阳、常德等地近 150 农户签订合作合同，合作农户土地面积达 4800 亩。同时为确保农户的农产品销售有保障，沃霖公司与长株潭大型卖场、大中型酒店等近 150 个商家签订了长期供货协议。项目通过冷链物流平台，实现农产品市场信息快速采集、整理、发布，通过向农户和商家及时发布需求信息，指导农户调整种植和养殖品种，发展高附加值农产品，解决农产品买卖难的问题，为推动农业产业化进程做贡献。

项目年货运吞吐量 50 万吨，提供就业岗位 500 个，包括运输人员、装卸人员、管理、保安和营销等服务人员；蔬菜和水果种植生产很多环节难以实现机械化作业，本身就是劳动密集型产业，项目间接带动蔬菜和水果种植 5000 户，增加从业农民 10000 人；间接增加运输行业就业约 100 人；间接增加饲养和畜牧业行业就业约 500 人；间接增加屠宰行业就业约 200 人。

项目吸收国内外先进的农副产品冷链物流技术，构建中心城市周边的现代的农副产品流通体系和冷链物流平台，辅以先进的信息化管理平台和冷链配送系统，形成完善的区域化、专业化的农副产品流通服务网络。配备先进的加工配送系统，实现农产品的 "采购—存储—加工—分拣—包装—配送—销售" 一体化操作。实现成本更低、库存质量更佳、运输线路最优的目标。项目的建设，有利于解决我国农副产品物流行业存在的批发市场经营模式单一、现代化、信息化管理水平较低等问题。项目的实施实现了农副产品冷链物流专业化、技术规范化、服务社会化、经营集约化，减少农副产品损失，有力地促进农副产品物流产业再上新台阶。

项目打造成以长株潭城市群为核心的冷链物流聚集中心和副产品配送中心，充分优化现有肉类、水产品冷冻物流设施的基础，促进反季销售，提供农民收入。建立了以大型屠宰企业为依托的肉类冷链物流体系。目前已与新五丰、伟鸿、海泰、湘佳、临武鸭等重点骨干屠宰加工企业签订合作意向。建立了以水产品生产加工企业为主体的水产品冷链物流体系；建立了以果蔬基地为依托的特色农产品冷链物流配送体系；与长沙马王堆、红星、岳阳湘北、常德甘落寺等大型农产品批发市场搭建起完备的农产品流通冷链物流体系。

4. 项目建设经验

1）采用冷链行业最优制冷技术，抢占行业制高点

沃霖公司斥巨资使用冷链行业最优制冷技术——安全、环保、先进的 CO_2 制冷技术。沃霖公司采用全自动化智能操作系统，程序设定完成后，主机会根据温度及各机器管道的运行情况进行自动调节，整座冷库仅需一名技术人员定时监控即可。这种先进的管理方式不仅大大减少了人力成本，还减少

了管理难度和人为出错发生事故的危险性。除此之外，项目选用的配套设备都是中国乃至世界一流的产品，在设备耐用性、安全性及降噪方面都做到最优。项目成为中南五省第一个使用 CO_2 制冷技术的大型物流库，一举抢占了冷链行业的制高点。

2）加大科技创新，为客户定制冷链物流服务

沃霖公司意识到科技创新可促使冷链物流业的不断发展，促进冷链物流技术水平的不断提高，同时，科技创新为满足冷链物流消费者个性化需求发挥着越来越重要的作用。沃霖公司还充分意识到在冷链过程中不同的产品同样需要不同的温湿度，只有给予符合特定产品需求的温湿度冷链服务，才能真正确保产品的品质。因此，沃霖公司除给客户提供标准化的分级、预冷、包装、贮藏保鲜、运输等冷链服务外，还专门成立了冷链技术研发中心，针对不同的产品系列为客户研发特定的冷链保鲜技术，为客户的产品提供了更长的保鲜期，确保了优良的产品品质，得到客户的高度肯定。

3）标准智能化运营，打造冷链服务行业新标杆

沃霖冷链服务行业新标杆的确立还得益于冷链服务标准化、智能化的运营管理。沃霖公司运用高性能冷却、冷冻设备，自动化分拣、清洗和加工包装设备，监控追溯系统、温控设施及信息化管理技术建立沃霖标准化、智能化冷链物流运营体系，真正实现了水果、肉类、水产、蛋奶等农副产品加工、贮藏、运输、销售全过程标准化以及智能化的冷链物流服务，确保了品质，也赢得了客户的信任。

在此基础上，沃霖公司专注于冷链技术的研发、冷链物流标准化的研制，将本项目打造成了集 CO_2 技术应用、冷链物流运作标准化、智能化的标杆，并希望通过品牌输出、管理输出、技术输出等方式重构冷链物流行业体系，推动我国冷链物流行业发展。

5.2 终端消费典型项目评价与分析

5.2.1 创立五健服务标准，提升健康服务效率——养天和"五健大药房"建设项目

1. 公司基本情况

养天和"五健大药房"建设项目是湖南养天和大药房企业集团有限公司的建设项目。湖南养天和大药房企业集团有限公司成立于 2002 年 8 月，是以

医药零售连锁经营为主体，兼营药品保健品批发和健康产业开发推广等业务于一体的大型民营企业集团。湖南养天和大药房企业集团有限公司在 2006—2011 年连续成为中国药店百强企业；2009 年，年销售排名全国第 29 位，门店数量排名全国第 28 位；2012 年，综合竞争力全国排名第 23 位；2013 年，年销售全国排名第 19 位；2014 年，公司综合竞争力与品牌价值位于全国 18 强，"养天和" 商标被国家市场监督管理总局认定为 "中国驰名商标"；2016 年以来，公司始终秉承 "扎根社区，服务百姓" 的服务理念，除在湖南以外，还在海南、湖北等地设有 7 家子公司，现有门店 1000 多家，员工 4000 余名。2017 年公司实现销售额超 7.8 亿元，利润 5500 万元，上缴税收 2000 万元，综合实力和品牌价值在中国药品零售企业中名列前茅。

2. 项目建设内容

（1）"五" 项健康服务。提供健康商品、倡导健康理念、指导健康生活、做好健康服务、促进健康管理。提供健康商品：依托完善的产品采购体系和严格 GSP 质量管理体系，向社区居民提供用于治疗、康复、保健、养生的安全、可靠的商品。倡导健康理念：依托完备的门店网络布局，传播健康生活理念，向社区居民提供健康生活资讯、理念、知识，提高消费者自身的健康意识。指导健康生活：依托专业的技术人才优势，配置专业的医药技术人才，指导社区居民建立有助于治疗、康复、保健、养生等合理膳食、食疗和健康的生活方式。做好健康服务：依托企业自身的强大品牌效应，联合相关健康服务单位，以 "五健大药房" 为切入点，为社区居民提供保健、按摩、康复、治疗等辅助性健康服务。促进健康管理：依托健全的信息系统平台，"五健大药房" 为社区消费者建立个人健康管理档案、健康信息跟踪管理，促进个人的健康管理工作的提升。

（2）驻店 "三" 师。店内聘请三个执（职）业师，即中药师、西药师、公共营养师。围绕 "五健" 参与对社区居民的健康服务。

（3）"九" 个养生保健功能服务。围绕 "五健" 为社区居民提供健康服务，包括免费检测、药品回收、专家讲座、中医诊疗、健康管理、养老项目、婴幼儿保健等服务。

（4）"一" 个便民服务区。在社区的 "五健大药房" 内设立便民服务区，为社区居民提供金融服务、公共缴费、便民缴费、邮件收寄、邮件转投、报刊征订、家政服务、再生资源回收、旅游资讯服务、公益宣传十大类便民服务。

3. 项目主要成效

1）全面改造升级，起先锋模范作用

湖南养天和大药房企业集团有限公司在现代服务业终端消费项目工程的支持下，一是对列入养天和"五健大药房"的药店进行了全面的升级改造，有益地补充和完善了药店的一些功能，改变了药店只"卖药"的事实，融入了社区居民生活新元素；二是实施"五健大药房"是湖南养天和大药房企业集团有限公司通过药店形式对接健康产业的积极探索；三是养天和"五健大药房"的建设模式，为同行业企业申报"五健大药房"项目具有较强的示范和指导作用。

2）传播公益信息，关注公民健康

养天和"五健大药房"中服务功能区一半的项目是对顾客免费的，依托门店社区化的网络布局，一是公益性信息传播，养天和"五健大药房"通过分众传媒播放器，不间断播放实时新闻、生活资讯、健康资讯，让居民在碎片化阅读中普及健康知识；二是项目的公益性服务，功能区的一些免费体验项目、免费服务项目，如按摩椅、测量血压、血糖，日常生活中的缴费、查询、快递邮寄等，为老年人、白领阶层提供比较贴心的服务；三是减少药品对社会的污染，特别是一些过期药品，如果乱丢、乱扔都可能造成污染环境，公司应做到免费回收，集中处理，减少污染源头。

3）积极创新设计，规范项目建设

一是项目设计，由公司进行顶层设计、项目规划、试点建设，参与项目建设的全过程；二是养天和"五健大药房"对经营品种、品质、服务项目的要求，严格按照GSP的相关规范执行；三是选址，在小区内，节约了社区居民和消费者的出行成本，真正做到了贴近消费者；四是改变了单一的消费群体，扩大了药店的服务对象，消费者囊括了婴幼儿、儿童、青少年、中老年以及身体状况亚健康群体；五是联通了相关的产业，探索了药店的体验式消费，实现连锁药品跨越式发展。

4）提高农民健康意识，带动农业产业增效

养天和"五健大药房"项目的建设，将提高养天和药店的客流量，一是推动中医、五谷杂粮、中药饮片等产品的热销，间接带动中药种植、中药管理、涉农产品的生产，实现了农民增收、农业增效、农村相关的产品产业化；二是将药品零售、日常生活用品、便民服务、健康服务等项目综合到一家门店，带动社区消费观念的转变；三是提升了社区居民的健康意识，提高消费者个体的健康水平意识，培育了一个新型的消费群体。

4. 项目主要经验

1）建立标准，严格执行

养天和建立了 "五健" 标准，即提供健康商品、倡导健康理念、指导健康生活、做好健康服务、促进健康管理。在项目的实施过程中，对众多门店，严格按照标准执行，并严格按国家 "GSP" 质量管理体系要求和药品连锁企业 "六统一" 管理原则。在项目实施过程中，高效地完成了经济效益，并为社区居民提供了方便，提高了全民的健康意识、健康水平。因此，公司在执行过程中，一定要建立统一的标准，严格执行，这不仅使员工有章可循，而且可以提高工作效率，使公司可持续发展。

2）搭建服务平台，提升服务能力

养天和大药房历经十多年的发展，已经在长沙形成了 "社区相连、乡镇相通" 的全覆盖网络格局，在商品、人才、平台、网店、技术、品牌、资金等方面，集聚了很多优势，以公司连锁药店为载体，将药店纳入 "五健大药房" 建设体系，在政府职能部门的指导下，搭建了健康服务多功能平台，促进健康产业的发展，满足人民群众身心健康的需要。在企业的发展过程中，搭建服务平台，有利于公司内部交流、系统化建设，也能为消费者提供更精准的服务。

3）建立健康产业链，坚持医养结合

作为长沙现代服务业综合试点项目的 "终端消费促进工程"，"五健大药房" 建设是实现社区居民一站式消费、便民服务、多功能养生保健综合于一体的载体，不仅关系人们的衣食住行、日常生活、养生保健，还有利于长沙现代服务业市场健康、持续地发展。建立健康产业链，坚持医养结合，不仅有利于公司的发展，也能抓住市场机遇，各公司也可结合自身资源及政策优势，建立自身产业链，抓住消费者心理，弥补市场短板，坚持企业可持续发展。

5.2.2 消费者的好帮手，老百姓的贴心人——"汇米巴" 社区便利店建设项目

1. 项目基本情况

本项目实施单位是湖南汇米巴商业管理有限公司。湖南汇米巴商业管理有限公司（以下简称汇米巴）成立于 2011 年 6 月，是步步高商业连锁股份有

限公司下属全资子公司。公司以"打造汇米巴便利店品牌，构建长沙便民服务基地"为发展目标，以大力推动湖南省内社区商业"双进工程"、完善生鲜农产品流通体系为主要建设内容。

汇米巴自成立以来，已成为湖南时尚、现代的第一便利品牌。汇米巴以创造便利生活为经营宗旨，拥有强大的供应链能力，高效的仓配一体式物流能力，专业化和标准化的运营能力。以整洁明亮的店面形象、高品质的商品、温馨的服务赢得了广大加盟者与消费者的认同。长沙地区现有直营门店 89 家，外加盟 131 家。项目通过建立完善的社区、市区便民服务体系，打造"五分钟便民商圈"，实现居民生活、出行区域的全面覆盖。2017 年，实现营业收入 2577. 21 万元，从业人数 510 人，上缴税收 105.46 万元。

2. 项目实施背景

1）服务业日益成为长沙经济长期持续健康发展与优化升级的新引擎、新动力

近年来，长沙现代服务业发展迅速。服务业对长沙经济增长的贡献日益增强。尽管服务业发展得到巨大提升，但依然是长沙经济社会发展中的一块"短板"，与北京、上海等城市存在较大差距。正因如此，长沙服务业具有广阔发展空间。大力发展服务业，对于推动长沙经济结构战略性调整、深化改革开放、扩大国际合作，都具有重要意义。服务业日益成为长沙经济长期持续健康发展与优化升级的新引擎、新动力。

2）消费购买行为变化促进长沙现代零售业转型升级

由于生活节奏的加快，面积巨大、品种繁多的卖场消耗了购物者大量的时间和精力，结账时还要忍受"大排长龙"等候之苦。随着生活水平的提高，人们对食品安全的认知也越来越高，越来越希望购买到安全、新鲜、卫生的生鲜商品，传统的农贸市场必将在城市中逐渐淘汰。从而使得那些需要满足便利、即时消费的购物者深感不便，这些消费行为的新变化也成为长沙现代零售业发展的挑战与机遇，促进长沙现代零售业转型升级。

3）便利店的发展为社区居民带来了更大的方便

便利店是满足顾客即刻需求的商店，相对于其他零售业态，具有客源年轻化、需求个性化、服务快速化、经营多元化的特点，而"五全便利店"在原有社区便利店的基础上新增了更多的便民服务，为社区居民带来了更大的方便。便利店作为长沙市委、市政府为稳定消费价格总水平、保障居民生活的一项重要举措，将方便快捷的生活方式尽快带入寻常百姓

家，让市民感受到政府又一重要便民举措，增加居民生活满意度及幸福度，使社会更加和谐发展。长沙区现有城市街道 77 个，城市社区 657 个，社区组织网络庞大，长沙社区商业拥有无限广阔的市场前景，便利店建设面临极佳机遇。同时，国家先后出台重大政策，支持促进社区商业的发展，特别是长沙获批成为现代服务业综合试点城市，给汇米巴社区便利店的发展带来了契机和条件。

3. 项目发展定位

本项目的发展定位是"五全便利店"。"五全便利店"是长沙现代服务业综合试点项目的重要内容，是终端消费工程项目的有效实施方式。社区便利店建设是社区居民和城市老百姓实现一站式消费的重要载体，不仅关系人们的衣食住行和日常生活，而且是扩大就业、吸纳剩余劳动力的重要渠道。"五全"即五分钟到达、购买便利、功能齐全。既要满足消费者购物的需求和生活服务的便利，还要在五全便利消费的过程中，使消费者享有星级服务的标准。

汇米巴"五全便利店"发展呈现以下几大特点。

（1）国际化店面形象及管理团队。2013 年，汇米巴从上海引进专业便利店管理团队负责便利店的规划和发展，国际最前沿的便利店经营理念和技能融入汇米巴，在一年多的时间里，汇米巴无论是从门店形象、商品结构还是运营理念上都与国际便利业态接轨。

（2）店铺小而全。汇米巴门店面积 100 平方米左右，主营即食、生鲜、休闲小食、日常用品及各种便民服务，代收代缴水电燃气，代收代寄邮政包裹 EMS，免费供应热水，回收废旧电池等。未来汇米巴将成为淘宝、京东、苏宁、步步高网上商城等各种电商自提点，在门店增设电子购物终端，用户在任一家汇米巴便利店即可购买到步步高等其他所有业态商品。

（3）商品健康安全。项目将与汇米巴专有生鲜农产品物流配送中心、中央厨房、商品配送中心和农产品检测中心实现整合，建立商品可追溯体系，确保为用户提供安全绿色健康的生鲜农产品。

4. 项目主要内容

打造五分钟社区服务中心，进一步提升社区商业服务水平，提高居民生活满意度和幸福度，建立高效的农产品质量控制体系，确保便利店为居民提供安全、绿色、健康的生鲜农产品，建立畅通可控的农产品进社区的渠道，满足便利店开展农产品进社区的需要。

1）服务功能配置齐全

随着人们生活水平的提高，居民对便利店的服务要求也越来越高，只有星级的服务才能赢得市场。通过政府相关部门以及相关单位的支持与配合，"五全便利店"可以实现的服务功能有十大类十八项，服务功能配置齐全。一是金融服务：信用卡还款，转账，余额查询。二是公共缴费：水费，电费，燃气费。三是便民缴费：有线电视等缴费，通讯缴费充值。四是邮件收寄：国内 EMS 邮件收寄，国内小包邮件收寄。五是邮件转投：国内小包转投。六是报刊征订：邮发报刊收订。七是家政服务：居家养老、钟点保洁、家政保姆、病人护理。八是再生资源回收：废旧电池回收，家电回收。九是旅游资讯服务：出境旅游产品、国内旅游产品、湖南省及周边旅游产品、特色旅游产品，航空机票订购。十是公益宣传：打击非法集资和传销。

2）功能服务增值创新

商品优质、服务亲切是汇米巴的经营理念；领先消费者需求的特色商品与多样化的便民服务，干净明亮、充满时尚气息的店堂环境，社区店与城区店并行的网点布局，是汇米巴区别于同行业的核心竞争力。汇米巴所有商品一律以自营模式经营，保障安全放心的高品质货源，杜绝质量低下及假冒伪劣的次品；同时为顾客提供十多项便民服务，如水电燃气缴费、手机上号充值、公交卡充值、雨伞租借、便民医药箱、免费加热食品、免费打气、免费拨打市内电话、免费代收包裹、拉卡拉、早餐供应、送货上门等。

项目突出便利店"功能服务"的特点，提供各种日常生活服务项目，努力打造"消费者的好帮手、老百姓的贴心人"的社区形象。将社区便利店塑造成社区服务中心，根据消费者的需求不断拓展其增值服务，这些增值服务项目将作为公司"第三类商品"重点发展项目。实现功能的叠加和精细化。

具体体现在以下几个方面。第一，完善便民服务。便利店提供代收代缴水电、燃气、电话费，代收代取邮包、快递，免费送货上门，免费加热食品，免费厕所，免费开水，免费医药箱，雨伞租赁等便民服务，打造一个"五分钟便民商圈"，为周边居民提供便捷生活。第二，在营业时间上，为顾客提供最大方便，24 小时营业，全天候竭诚为顾客提供服务。第三，商品管理。坚持商品先进先出，日期、温度管理应到位，让每一位顾客在感受优良购物的同时享受品质商品。

3）网点建设遍布长沙城区

本项目建设选址主要集中在社区小区内，通过商品购买功能和服务功能的集成，方便了老百姓的日常生活，节约了消费者的时间，能切实为老百姓提供生活满足，为便利店来带来更大的功能赋值，增加了终端消费能力和顾客满意度，有效地补充了"便民"功能。

5. 项目主要成效

1）零距离贴近消费者

项目便利店所有商品摆放突出"亮""新""便捷"等特点，在设计布局的过程中充分考虑顾客的消费习惯与心理。将特色的即食产品、低温奶陈列于进口处，把购买率高的香烟、饮料摆在显著位置，增加了供顾客就餐休息的即食台椅。充分利用便利店有限的空间，合理对商品进行摆放，对区域进行规划。

"五全便利店"立足社区，延伸到小区内、家门口，为解决消费"最后一公里"的问题做出了新的探索。消费者下班后就可以到"五全便利店"领取邮件、包裹，实现了传统商业与电子商务的完美对接。项目实施企业和门店也实实在在感受到了"五全便利店"带来的实惠，增加了人气，带来了效益，营业额比普通门店增长了30%以上。

2）全方位服务消费者

"五全便利店"不同于传统便利店，增加了便民服务功能，一站式解决了消费者以往需要东奔西跑、费事费力的问题，店内增加了熟食服务，早、中、晚三餐都供应，极大地方便了消费者，真正做到了"消费者的好帮手，老百姓的贴心人"。所有商品种类要求齐全且精细，如快餐、粮油、生鲜、雨伞及办公用品，且根据不同季节灵活调整商品结构，例如，夏季丰富饮料、冷饮的品种，冬季增加热饮、暖手宝等用品。

"五全便利店"不但经营一般便利店的快消品，而且将通过"农超对接"扩大蔬菜、水果、肉品、早餐供应等经营品类，使"五全便利店"更好地满足消费者，发展成为社区服务中心。

3）创造性塑造品牌

为了拓展消费者对品牌的认知，创造性地将政府品牌、企业品牌、现代服务业试点标志三者有机融合在一起，建立"五全便利店"品牌。湖南汇米巴是长沙"五全便利店"建设的重要试点企业。

基于以上背景，公司旗下所有门店以"提供最便利的服务回馈社会，为居民创建新颖、便捷、高品质生活"为经营宗旨，以"全面覆盖市民居家生活、工作学习、娱乐休闲、交通出行等活动区域，满足市民每时每刻的便利需求"为经营方针,致力于建设成为湖南省内形象最醒目、环境最洁净、服务最亲切、商品最新鲜的连锁便利店,创造性地塑造汇米巴"五全便利店"品牌形象。

5.3 市场升级典型项目评价与分析

5.3.1 南方粮油饲料交易集散中心项目

推进粮油饲料物流"四散化"建设,打造南方粮油交易集散中心——
南方粮油饲料交易集散中心建设项目

4.4千米铁路专线及配套散卸坑、5.17万吨平房仓、3.78万吨周转仓、8000吨立筒库、25000平方米植物油储罐、5393平方米灌装车间、5.4万吨浅圆仓、22475平方米铁路罩棚站台配套散粮接发设施、7.0188亿元投资、350万吨粮食饲料现货交易……一连串数字,标志着集仓储运输、货运代理、期货保税、检验检疫、市场信息等集现代化粮油物流服务功能于一体的南方最大的粮食交易集散中心已扬帆远行。

1. 公司基本情况

湖南粮食集团是经湖南省政府批准,整合有关优势资源成立的国有大型综合性粮食企业。集团现有在岗职工4000多人,主要业务有品种研发、种子繁育、粮油收储、粮油加工、中转物流、市场交易、期货交割、经营贸易、电子商务、生态板业等。拥有13个粮油收购储备公司,仓(罐)容量220万吨;拥有5个粮油加工企业,年加工能力近200万吨;拥有长沙国家粮油交易中心,交易额近100亿元;拥有2条铁路专用线,6个2000吨级泊位,年货物吞吐能力500万吨;拥有湖南粮食饲料现货交易市场,年交易额15亿元;拥有全国规模最大的早籼稻期货交割库;拥有金健米业、裕湘食品和银光粮油等4个农业产业化国家级重点龙头企业,拥有金霞粮食、金山粮油、金牛米业、中意食品等农业产业化省级重点龙头企业,拥有"金健""金霞""裕湘"和"银光""中意"五大品牌。产品向米、面、油、奶、粉、药、休闲食品等多元化发展,营销网络立足湖南,布局全国,辐射欧洲、美国、日韩、东南亚等地。

集团按照"大粮食、大品牌、大市场、大物流、大金融"的整体发展思路,着力推动"国际化、专业化、资本化"的战略布局,构建"一链四业多园区"的产业格局，实施科技创新"一核带动"、着力实体经营与资本运营"两轮驱动"，强化文化引领力、人才支撑力和机制保障力"三力推动"，坚持粮食产业、食品工业、生态农业、现代服务业"四业联动"的战略举措，把准"重组、整合、创新、提质、增效"的经营方针，立足粮食主业，突出产业延伸，拓展辅业支撑，深化企业改革，发展混合所有制，推动集团整体上市，致力打造最具品牌影响力和核心竞争力的世界级食品投资控股集团。

2. 项目建设背景

我国利用国际市场弥补国内个别粮油品种供给不足的需求将不断增加，国内粮油集散中心的建设势在必行。

湖南粮油饲料集散中心通道基本成型。目前，我国粮食主要流向是：东北的玉米、稻谷和大豆流向华东和华南地区，黄淮海的小麦流向华东、华南和西南地区，南方的粮油饲料则流向华北地区。作为连接南北、呈东启西的纽带，湖南粮油饲料集散中心通道的发展趋势明显。更为重要的是，湖南粮油饲料集散中心建设符合政策规划发展导向，在国家建设主要散粮物流节点和"北粮南运"物流大通道过程中，也为粮油集散中心建设带来契机。加之国内铁路运力瓶颈制约，水上粮油饲料运输成为"北粮南运"的一个主要方式，拥有3000吨码头的金霞粮食物流园码头配备现代化装卸、中转、储存等功能，随着海关、检验检疫、边防、外轮代理等服务功能的逐渐完善，使湖南粮油饲料集散中心具备了良好的口岸贸易优势。凭借金霞粮食物流园得天独厚的港口和区位条件，以及其较扎实的产业基础，湖南粮食集团推出南方粮油饲料交易集散中心项目，在全国粮食安全和粮食产业发展中发挥重要作用。

3. 项目建设内容

本项目由湖南粮食集团投资建设，位于金霞的粮食物流园内，总投资72367万元，规划建设5.17万吨平房仓，3.78万吨周转仓，25000立方米植物油储罐及5393平方米灌装车间，5.4万吨浅圆仓，4.8万吨立筒仓，建设铁路散粮运输枢纽工程4.4千米铁路专线、散卸坑，22475平方米铁路罩棚站台配套散粮接发设施等。

项目2013年计划完成投资12000万元，启动4.8万吨立筒仓建设，完成8000吨立筒库建设，基本完成南方粮油综合交易大楼建设。截至目前，南方粮油综合交易大楼工程主体已完成验收，外墙装修已完工、室内装修已完工，室外附属工程（给排水、消防等）已完工；8000吨立筒库及计量塔工程为"北粮南运"工程中转设施配套工程，目前，36米高筒体滑模施工并封顶，计量塔地下室、地上十层框架施工已完工，8000吨立筒库及计量塔主体工程已进入设备安装与调试阶段。

4. 项目的建设成效

南方粮油饲料交易集散中心的建设对增强粮食宏观调控有效性和主动性、确保南方地区粮食安全、促进粮食流通和加工业发展具有重要意义。项目建成后预计年粮油饲料中转量可达350万吨，成为我国南方最大的粮油饲料交易集散中心，预计新增年营业收入18801万元，新增利润6876万元，上缴税金2268万元。

1）项目建设有力地推进粮油饲料物流"四散化"

作为"北粮南运"的枢纽工程，大力发展以粮食"四散化"为主的现代物流技术，将顺利推进"北粮南运"主通道的构建，使南北粮食产销市场有效衔接，从而有效缓解东北地区散粮玉米到湖南省主销区的均衡运输问题，成为中国南方粮食"四散化"物流发展示范工程。有效促进物流新技术的推广，显著降低粮食流通成本及物流资源浪费，提高粮食流通效率，将加快推进南方粮食"四散化"物流发展，形成集粮油饲料中转配送、市场交易、饲料加工等功能于一体的全国最大的现代粮油饲料交易中心，构建科学规范的农产品产业链发展平台对全国农产品供应链物流体系的完善与提升具有较大推进作用。

2）项目创新商业模式，搭建全国性公共平台

项目采取现货交易与期货交易并行的创新商业模式，搭建全国性农产品物流公共平台，在有效解决长沙农产品生产中的季节性特征带来的时间性矛盾以及生产中的分散性和区域性带来的空间性矛盾的同时，有效保障市场稳定和居民消费安全。在运作过程中，项目大力借助现代信息技术与先进物流管理理念，构建信息共享与信息化管理模式，提升服务水平、物流效率及管理水平，在"四散化"技术应用提升物流效率、降低物流成本的基础上，奉行两型化发展理念，进一步挖掘物流效益增收点。

3）项目有助于健全产业链条，保障粮食安全

通过项目的实施，将直接及间接提供就业岗位上千个，有效缓解金霞地区城镇化建设带来的农民就业问题。项目投入使用后，长沙将拥有一个全国性粮食主产销区对接的粮油饲料交易集散中心，有效促进国内粮食资源整合，形成全国乃至国际性粮油饲料信息、价格、集散、交易中心，对长沙区域经济尤其是物流行业发展、全省乃至全国物流行业整体水平提升

有重要意义。并且，南方粮油饲料交易集散中心将不仅保障粮油的顺利进口和调入、仓储和中转，还将积极发展粮油的精深加工和现代贸易，特别是电子商务和大宗商品交易业务，以增强其区域乃至国际市场影响力，促进国家粮食安全保障。

5.3.2 融合境内外两种市场资源，打造中南肉类交易中心——长株潭广联生猪交易大市场项目

1. 项目的基本情况

湖南新五丰股份有限公司（以下简称新五丰）是以湖南省粮油食品进出口集团有限公司为主发起人，联合香港五丰行有限公司、澳门南光粮油食品有限公司、中国农业大学、中国农科院饲料研究所组建的股份制公司。公司于2001年6月26日成立，2002年成为农业产业化国家级重点龙头企业，并被列为农业产业化国家级重点龙头企业的12家典型企业之一。2004年6月9日正式在上海证券交易所挂牌交易（证券代码为600975），成为国内第一家以生猪养殖出口为主业的外向型上市公司。自成立以来，公司一直从事供港澳活大猪业务，是全国主要活体储备和湖南最大冻肉储备商，被湖南省发展改革委纳入省战略性新兴产业百强企业之一。目前公司年可控安全优质生猪100余万头，年可供优质猪源超过200万头。广联生猪交易大市场项目建于全国物流节点——长沙县安沙镇毛塘铺工业园，是集生猪及肉类产品、禽类、水产类、果蔬类等现货交易及电子商务、生猪活体及肉禽类储备、生猪屠宰及肉类深加工等于一体的现代化的半封闭式产业集群和市场集群的综合批发大市场。项目建成后，可辐射区域为中南及东部十多个省份，将是中南地区乃至全国最大的生猪活体及肉类产品交易综合批发大市场。

2. 项目建设完成情况

截至目前，广联生猪交易大市场已完成投资7.90亿元，完成了"三中心、二平台、一园区"建设，场内建设了生猪交易屠宰加工区、冷链交易配送区、商务综合区三大功能区，场外建设了生鲜超市与宅配网络及25万头规模养殖猪场。建设了100万头/年屠宰加工生产线；100万头生猪活体检验平台和屠宰在线检测平台；进出口食品展示、交易中心；"U鲜肉"全程冷链宅配工程；实行实体店与电子商务平台网店一对一相结合，打造"传统农业＋互联网"的O2O模式；建设总库容达4.2万吨冷库；建设年出栏25万头的规模猪场。目前，公司补齐了屠宰、冷链物流、生猪交易市场短板，真正实现

了以生猪产业经营为主业，涵盖饲料、原料贸易、种猪、商品猪、屠宰、冷链、物流、生猪交易、冷鲜肉品加工及销售。

3. 项目创新性

1）助力创建国家食品安全城市，增加市民对生猪肉品满意度

一是建立生猪肉品溯源体系。新五丰在原料主产地内蒙古扎赉特旗建立玉米收储基地，在湘潭地区建立国家级原种猪场，在长沙县建设 A 类生猪屠宰厂，通过旗下的优鲜、晨丰和农丰品牌，进入肉品批发及零售环节，真正实现了全程产业链，打造了安全肉品无缝销售，真正实现了从原料、种猪—商品猪—鲜肉产品—零售环节可追溯体系。此外，公司还依托 50 余年供港生猪经验，培育出高产仔品系的种猪和优质肉品系的商品猪，在养殖模式上，改变传统散养方式，逐步向规模化、基地化、工厂化转变。同时，按照供港生猪的要求，公司把香港卫生署对进口家畜禁止使用和限量使用兽药"8 + 37"的规定及停药期规定编入标准中，高于国家标准，严于行业标准，使该标准在行业中有推广价值。经过多年的技术创新、不断的积累和沉淀，公司总结出了一套适合养猪生产并能有效防控疫病、保证猪肉品质的生产管理模式。从源头控制食品安全：养猪场地选择，重点关注水源和周边环境；饲料加工，自产自用，对饲料原料及饲料成品按批次检测管理，做到可知可控；养猪生产管理、屠宰加工，实现自繁、自养、自宰，集约化养猪，统一生产标准，统一管理，产品质量全程可按批次追溯，对每批次肉品以欧盟标准自主检测，确保了生猪肉品源头可控、质量安全。

二是补齐屠宰和冷链物流环节。高起点规划新五丰，科学地进行功能分区和流程设计，强化卫生安全监控，从流程上保证产品加工的卫生安全。在机械设备上，新五丰引进了世界上最先进的全自动生产线，保证产品的品质；在物流配送上，与新加坡永记私人有限公司合资成立了专业的冷链物流配送控股子公司——湖南新永联物流有限公司，按照新五丰"U 鲜肉"的标准进行全程冷链配送。

三是建立健全食品安全监管、检验检测体系。检验检测是为了保证市场的先进性和产品的品质，也是为了试点项目成为肉类市场交易之都的战略目标。新五丰不断创新，经过几年的经营发展，新五丰建立了国家生猪产业技术体系实验室、产品质量检测中心、湖南省院士工作站，被评定为湖南省企业技术认定中心，荣获湖南省科技进步奖，率先通过了 ISO 9001 质量管理体系认证、无公害认证、HACCP、ISO 22000 和 FSSC 22000 食品安全管理体系

认证，获得出口食品生产企业备案证明、公用型进口保税仓资质和进口食品进口商备案证资质。此外，新五丰还拥有一批专业管理、技术和技能人才队伍，为公司育种和生猪肉品检验检测提供了强有力的保障。

2）大力发展"公司+适当规模农场"新型养殖模式

2016年新五丰猪场出栏可控安全生猪约100万头，较上一年度增长24%，其中出栏种猪1.4万多头，相比去年有大幅提升，猪场商品猪全群成活率达到93%。新五丰发展"公司+适当规模农场"养殖模式的同时，在湘北平江地区、湘南邵阳地区进行推广，新发展适当规模农场养户200多户，并且在湘潭、郴州、益阳、耒阳、常德、永州等地参与了多个标准化母猪场的建设和租赁，为加盟农场提供优质的断奶仔猪同时，也有效地降低了生猪市场价格波动的风险。新五丰重点推广每批次饲养500～1000头标准化断奶至育肥栏舍的建设，每栋投资30万～70万元，自动喂料、全漏缝地板、舍内环境控制自动化技术的应用，大大降低了劳动力成本、提升了养猪生产效率，按每户一年养500～1000头算，能获利10万～20万元，能大幅度提高所服务区域农民的收入，并可持续经营。

3）打造了全方位立体物流体系

广联交易市场通过先进技术屠宰加工、冷链储存、物流配送、商超品牌零售、宅配到家，全方位打造物流体系，生鲜超市以高效、轻松、便捷的"96516"电话订购、送货上门的宅配服务模式引领消费时尚，真正为广大消费者提供"一周订一次，天天吃新鲜"的消费渠道，打造中高端肉品市场供应的标杆，为中国冷鲜肉市场高端消费建立标准示范性。同时，广联交易市场已建成的生猪交易平台、实体店与电子商务平台网店一一对应的O2O交易平台、电子化结算平台和进出口食品交易平台均可以与电话、网络平台融合，并共享食品溯源系统、冷链宅配系统。该创新模式通过系统的市场调研和论证、特定环境模拟、特定客户试运行检验，通过委外研发搭建安全食品公共服务平台，具备市内电话订购及网络订购等基本功能，服务广大市民，市民仅需拨打"96516"即可电话订购U鲜产品，次日即可收到订购产品。

4）搭建了湖南省首家活大猪交易和信息共享平台

广联交易市场一开始就把电子商务平台的建设作为一大亮点和特色，期待通过电子商务平台建设，成为中南地区农产品物流信息交换中枢，真正实现农产品交易的信息化和自动化。对湖南而言，作为全国最大的生猪调出大省，利用市场通过现货交易、电子商务等模式形成生猪、屠宰后的白条全国集中交易市场。更为重要的是，市场电子竞拍交易系统建立后，将实行全国统一集中竞拍，减少中间环节，降低交易费用，保护养殖户及贩运商利益，通过竞拍、交割、结算工作无缝对接，使生猪交易活动高效、便捷、安全，并制定科学合理的交易标准、规则，杜绝操控市场、短斤少两、拖欠猪款等违规现象；为食品产业链现代化建设做有益探索与尝试。同时，通过进口食品物流公共综合信息和技术服务平台，对农产品物流资源和物流信息等要素进行网络化管理，实现综合信息交换、物流交易支持、物流协同管理和物流数据搜集等功能，为生猪等农产品集散交易提供快速、高质量、低成本的物流服务，打造南方农产品物流信息交换中枢，同时为生猪期货交割场建设打下基础。

4. 项目取得的成效

1）加强内功，反哺社会，实现经济效益和社会效益的提升

新五丰在广联交易市场的建设和运营过程中，始终把社会责任这个宗旨放在首位。在 2013 年 8 月长沙五里牌市场拆迁时，新五丰第一时间与商务部门联系，作为差遣安置点。为了保障工作的顺利进行，新五丰成立了以总经理为主的工作组，全天候配合政府主管部门和商户。为了使商户放心、安全，新五丰进行了大幅度让利，以自己的方式和力量，为政府化解难题，为商户营造经营环境，为社会稳定贡献力量。更为重要的是，广联交易市场全面建成达产后产生巨大的社会效应，可容纳经营户 5000 多户，直接安排就业 15000 人，带动 10 万名农民致富，市场年交易额将达 200 多亿元，年交易量达 400 多万吨。广联交易市场一期工程 2014 年投产，2016 年实现自营肉品销售收入 5.52 亿元，冷冻产品交易市场年交易额突破 16 亿元。2017 年营业额 11888.25 万元，税收 908.84 万元，就业人数 268 人。

2）大力推广生猪肉品和电商平台，实现新五丰品牌知名度的提升

目前，已实现日均向长株潭地区配送冷鲜猪白条 35 车次，向苏浙沪输出冷鲜白条最高峰时，每天可运送 6 整车货物、最低每天可运送 2 整车货物，长沙内冷链宅配上门配送订单高峰期达到了 600 多票、最少也有 88 票；4 万吨冷库已实现 70% 的库容利用率；并对外承接了进口牛奶配送、中国电信网上商城配送、湖南省政府采购动物疫苗配送等重点业务。冷链物流业务在专注传统农产品业务范围的基础上，重点开拓了疫苗业务、干线物流、广联交易市场、农批市场客户业务及第三方宅配业务（含电商）等。

　　同时，本项目为客户提供线下实体店体验、线上网店下单购物的 O2O 购物方式，搭建了电商平台的 PC 端、App 和移动端公众号、订阅号等全频道交易和支付端口，客户通过网上商城提前下单、付款后商家生产备货，再由湖南新永联物流公司（湖南新永联物流有限公司是由湖南新五丰股份有限公司、新加坡永记私人有限公司以及湖南长株潭广联生猪交易市场有限公司合资成立的中外合资物流公司，定位于以冷链仓储物流为基础、以冷链城市配送为特色专业第三方冷链物流企业）配送到客户手中。客户可通过电脑和手机进行远程操作，改变现场交易传统模式，操作简便、效率高。门店购物客户，网上下单即时配送，可以选择通过支付宝或微信支付进行网上电子付款，也可以选择网上商城充值，以电子货币付款。支付方式灵活多样，满足消费者不同的消费习惯，使消费者体验网上购物的方便快捷。平台内的商户及产品须通过平台管理方后台严格审核，具备相关资质和动检合格证书方可获批上传平台。食品安全是生鲜冻品交易平台的命脉，要严格把关，确保食品安全，提升商户信誉度，让消费者放心购物是交易平台生存和持续发展的基础。平台上现已有合作商户 12 家，商品 267 种，实现平台内交易达 2000 余万元，部分还实现线上支付宝和微信电子支付。

　　3）推动优质安全猪向优质安全肉转换，带动生猪产业实现转型升级

　　广联交易市场的建设，使肉品追溯体系无论是在硬件设施方面，还是在软件设施方面，均能给人以直观展示，使国内外高端肉制品厂商参观广联交易市场后，对新五丰的肉品质量安全充满信心，表达合作意向。新五丰陆续与高端肉制品厂商进行深度合作，如通过美国百胜集团、美国通用磨坊集团认证，提供加工服务，每吨可提升 1000 元左右的增值；同时与高端肉制品厂商进行合作，如上海碟中碟、浙江唯新、深圳红荔村、广州皇上皇、金盏等企业，为它们提供订制产品原料，每吨可提升 300～500 元的增值。

　　4）创新开发终端市场，培育客户黏度

　　广联交易市场现有 3 家批零店完成了开业，70 家农丰品牌销售终端店为 30 家社区便利店和乡镇专卖店提供 "白条 + 分割品 + 集配" 的专业服务，分割白条上升到 200 头/天；加大了骨类产品华南、华东市场的深度开发；同时对有条件的终端店增加销售品种（如使用新五丰肉品加工的笑哈哈速冻包点、唯新贡丸、安福火腿，以及牛肉、水产等），摊薄运营成本，增加单店盈利能力。

5.3.3 固本正源，以全新模式服务民生——望城区现代化农贸市场建设项目

1. 项目基本情况

近年来，望城区各项事业取得长足发展，居民的物质生活水平有了显著提高，经济实力不断增强。2011 年 6 月 21 日，望城区正式成为长沙第六区，区域城市化发展再次提速，统筹城乡二元发展，全面建设公园式城区，解决望城区旧有老式农贸集市带来的"脏乱差"城市环境和市场监管难问题，防范和杜绝群众"菜篮子"的食品质量安全隐患，满足望城不断增长的居民人口和周边楼盘生活配套设施需求，实现社会福利的最大化。长沙望城区城市建设投资集团有限公司根据望城区 2013 年政府投资项目计划及有关会议精神，负责筹建及运营管理中华岭、香桥、银星、湘江、桑梓、金沙六个新增农贸市场。

为高质量、高效率、高规格地完成农贸市场建设任务，公司根据江浙地区的星级农贸市场建设设计标准，采用农贸市场"农＋超"经营模式，引入专业化的农贸市场服务团队（杭州光影）和品牌化的实力商家（福玛特超市），力争打造湖南省的民生标杆项目。根据前期项目的调研情况，现中华岭、香桥、银星、湘江、桑梓、金沙六个农贸市场覆盖服务望城区月亮岛街道、金山桥街道总计约 9 万人口，创造相关就业岗位约 600 个。六个农贸市场已于 2013 年 7 月全部开工建设，竣工时间为 2013 年 12 月，并基本同步对外营业。本项目旨在带动片区发展，让广大人民群众得到实惠，经济效益目标以维持市场正常运营为主，以民生为本，不追求经济利益的最大化。

2. 项目建设背景及定位

1）项目建设背景

农贸市场是一个与千家万户的生活息息相关、不可或缺的购物场所，也是农副产品流通的重要载体，它是与我国现阶段经济发展水平、群众消费习惯、不同层次消费阶层等客观实际相适应的一种流通业态。农贸市场是一个地区的形象窗口，它与其他商品市场一样，作为生产者与经营商乃至最终消费者之间的纽带，是城市居民的"菜篮子"商品供应的主要场所和农产品流通的主要渠道，与人民群众生活质量息息相关。

本项目建设的农贸市场主要服务于广大城镇居民，不仅可以兴办现代化

交易场所和仓储设施、加工车间、购置农产品运销设备，而且可以组建农产品交易、仓储、运输、期货交易标准化基地，使其成为沟通分散农户与市场的桥梁，成为连接周围地区的流通枢纽。本项目在建设过程中注重增设电子交易系统和农产品检验检测系统，完善现代化农贸市场的各项功能，符合国家加大农产品市场建设力度的指导思想。

2）项目发展定位

项目发展定位为固本便民，以全新模式服务民生。为此，项目"坚固安全、方便管理、干净卫生、以人为本"的基本要求，与望城区当地经济发展水平和总体规划要求相适应，做到了全面规划、合理布局、经济适用。

建筑方案遵循适用、经济、尽量注意美观的原则。

建筑材料和结构型式的选择，要符合建筑耐久年限、防火、抗震、防洪、建筑节能、保温隔热及施工等方面的要求，砖砌体采用环保节能的自隔热混凝土空心砌块。

建筑设计时应考虑充分利用土地以及市场的功能布局充分满足人流及各功能区互不干扰等使用要求，并以自然采光通风为主，在此前提下，力求安全、卫生、美观与大方。

总平面布局根据建设要求对建筑平面、竖向、道路、管线、绿化和环境等进行综合设计，满足农贸市场的交易流程及配套工程、交通运输、行业规范要求；符合消防、卫生、安全方便等有关规范要求，并充分利用土地；符合与城市规划统一的原则；体现时代特点，努力创造一个现代农贸市场的新形象。

为了达到便民现代化的特点，所有的农贸市场分为八个区域，熟食、粮油、调料区，蔬菜、水果区，肉类冻品区，水产海鲜区，活禽宰杀区，管理办公区（含管理办公室、检测室、配电室等），自产自销区，超市区。外部配有化粪池及垃圾站，并且农贸市场建设应考虑到周边居民休闲娱乐的需要，进行高起点建设。

3. 项目建设特色

1）规划设计创新

为了高起点地服务民生，建设现代化的农贸市场，望城区城市建设投资集团有限公司聘请了专业从事中国农副物流和农贸市场改造升级一条龙投资与服务的杭州光影咨询服务有限公司（以下简称杭州光影）对农贸市场进行规划设计。在公司的要求下，杭州光影抽调了精兵强将，同时聘请福玛特商业有限公司营销服务团队，进行策划推广、招商运营、现场管理、日常维护等多方面，使得项目建设在设计阶段就考虑高起点的功能设计、空间布局、业态设计及运营管理，保证了项目的现代化。

2）功能布局创新

项目功能布局创新上首先考虑了科学合理的平面布局，根据各个农贸市场的具体地形及市场规模的情况进行布置，各农贸市场主要设置了干货、冻肉、粮油、水产、熟食、豆制品、家禽、屠宰、鲜肉、蔬菜及水果等摊位。另外，还在农贸市场两侧布置了自产自销区与超市区，充分考虑人性化和现代化；在立面设计上，项目建筑总体造型为中式现代风，加入徽派建筑元素，在满足自身功能的前提下，注重细部刻画，使整幢建筑具古今结合之美以及农贸市场建筑自身的建筑特色；在剖面设计上，为实现良好的采光通风效果，所有农贸市场层高均为 8 米；在防火设计上，各市场在建筑物的底层、主要出入口门厅和顶部进行重点处理，按二级耐火等级选择建筑耐火材料，做好建筑防火设计。同时，每个农贸市场均采用"人车分流"理念进行布局，停车位布局采用封闭式单进单出方式，利用绿化将人流隔离开来，保证市场周边的良好秩序和人车安全；家禽销售区采用封闭式销售模式，利用玻璃幕墙将宰杀间、销售间和市场内部进行隔离，使消费者既能见到整个宰杀过程，又不直接与家禽宰杀间接触；市场内均设置 LED（发光二极管）电子屏、电子查询触摸屏等，及时更新农药残留检测、农产品价格等信息；在摊位设置上，创新"农＋超"管理模式，市场内除可销售各类蔬菜、肉、禽、鱼等农贸类产品外，还将配备 300～500 平方米的市场面积作为超市经营，增加散装食品、小家电、生活用品、百货等其他类别商品配套。

3）运营模式创新

为达到农贸市场品牌化、连锁化、智能化、集约化的整体目标，公司采取"只租不售、产权归我"的租售模式，由长沙望城区城市建设投资集团有限公司进行市场培育，营造商业氛围，通过持续有效的经营管理提升商业价值。在具体的操作方式上，租赁模式又可分为整体出租、分片出租、零散出租等形式。这样有利于打造项目的品牌价值，提升项目的竞争力，使整个物业能长期稳定地成为一个品牌，由此享受物业升值所带来的持续稳定租金收益。

为了化解相关经营风险，公司与知名商业企业福玛特超市结成战略联盟，在明确了主力店的情况下，再对商圈进行准确的分析、合理的市场定位和业态组合。可以借助商业巨头的品牌效应提升自身的形象，加快其他摊位招商进度，从而可以大大弱化招商的风险，减少各种资源的浪费。积极引入合作单位积累的丰富商业管理经验和团队服务人员，完善和强化农贸市场的日常管理。

4. 项目建设成效

1）引领消费模式变化

传统农贸市场配置和布局难以调配是制约市场发展的硬件因素。很多市场自从建立以来，其业种配置和布局就很难根据市场消费环境变化而进行科学有效的调整，导致多数市场长期以来的经济效益难以达到质的飞跃。"农 + 超"模式用玻璃隔断将农贸区与超市区进行区域分隔，内部全部采用可移动、可自由组装式摊位，摊位数量及位置可灵活多变，可由市场消费环境来调节农贸区和超市区经营面积，能最大限度地盘活市场经营，满足周边居民生活需求，提升片区生活品质。

2）运营模式高效便捷

传统农贸市场主要以公益性质为主，为实现"菜篮子"工程、民生工程等要求，往往投入大、收入小，且农贸市场的经营收入主要以摊位租金为主，盈利模式单一，而其民生性质又导致其租金提升有限，市场经营规模难以扩充，硬件设施难以维护，致使市场日渐破败，形成恶性循环。望城区高塘岭街道莲湖重建地内的莲湖农贸市场目前就面临经营惨淡的困境，市场几乎处于闲置状态。通过采用"农 + 超"模式，将 300 ~ 500 平方米市场面积作为超市经营，可借助超市经营为市场带来可观的租金收益，用于补贴农贸区公益性经营，并能利用超市所带来的人气，带动农贸区消费，盘活市场。

3）功能布局科学合理

"农 + 超"模式中，农贸区以销售各类蔬菜、肉、禽、鱼、豆制品、干货调料品等传统农贸类产品为主，超市区可配套销售部分高档水果、蔬菜、散装食品、饮料、小家电、生活用品、百货等，并可利用农贸市场早上 5 点即营业和超市营业时间可延续到晚上 9 点的特点，使市场的营业时间达到 16 个小时，实现全方位覆盖，以满足不同年龄层次消费者的购物习惯和不同消费层次的购物需求。

5.4　电子商务典型项目评价与分析

5.4.1　平台九大共享机制，推进农村电商大发展——特色农业全网大数据产融公共服务平台项目

1. 项目基本情况

特色农业全网大数据产融公共服务平台项目的实施单位是湖南思洋信息技术有限公司。公司成立于 2008 年，是湖南思洋集团旗下专注于推广湖南电子商务发展的现代服务性企业，是中小型企业持续可信赖的一站式服务商。基于对湖南中小企业的特点和对电子商务需求的深刻理解，湖南思洋信息技术有限公司基于阿里巴巴集团 1688. com 平台推出了电商平台系列、电商推广系列、电商运营系列三大核心产品和服务；累计服务湖南 10000 多家中小企业，提供了网店平台选择、网店全网展示、网店全网流量、网店运营策划等整体网络营销解决方案。

公司 2015 年被评为"湖南省电子商务示范企业""长沙中小企业核心服务机构"，2016 年被评为"湖南省中小企业核心服务机构"，是湖南地区电子商务服务行业的领先品牌。2017 年实现营业收入 1300 万元，利润 62 万元，税收 80 万元，现有正式员工 224 人。

2. 项目完成情况

特色农业全网大数据产融公共服务平台（下文简称公共服务平台）建成后，由线上 PC 端农众网服务平台及移动端农众公众号同时进行推广，平台入驻商家、企业，农产品供求信息同步更新，用户可登录页面注册账号或关注公众号生成个人店铺，进行线上咨询、线下交易。

目前，公共服务平台入驻企业 200 多家，其中付费会员 100 余家。平台新增团购模块、企业定制、快递助手、淘宝助手等功能设计，建立了分销展现系统、商品库存管理系统、分销子站展现系统、农食商城系统、移动微商城系统、电子商务培训系统等。完善了服务平台功能，新增金融服务、农资农机服务、大学生就业与培训三大线下服务系统，建立了阿里巴巴潇湘农食馆。

（1）供应商服务平台。目前，供应商服务平台入驻供应商 200 多家，渠道商家 2200 多家，提供产品数据近 3000 条，以本地休闲食品、农副食品为主，包括湘米、湘茶油、湘莲、茶叶、调味品等，与九如斋、毛阿婆、九道

弯、仁仔等本地特色品牌深度合作，由厂家直接供货，在线询价参与订购。

（2）分销商服务平台。分销商服务平台拥有 1000 家企业和个人注册使用账号，以在校大学生、街道社区下岗人员为主体，通过平台获取渠道信息，鼓励大学生创新创业以及下岗职工再就业。

（3）垂直电商平台。垂直电商平台以农食商城系统、移动微商城系统为基础，为 140 多家企业进行移动官网、移动商城、分销商城的搭建及微信营销推广，实现品牌（产品）曝光，实现在线微信支付交易达到 1000 多万元，带动线下采购和批发贸易额达到 800 万元。

（4）电商服务开放平台。电商服务开放平台以人才、金融、农资农机服务为主，帮助 100 多家中小微企业实现湘交所 Q 版挂牌上市，提供全方位金融增值服务；参加第五届湖南国际农机展、娄底湘博汇等展览会，面向国内外优质采购商提供农资农机服务，全力推广收谷机、揉茶机、大蒜剥皮机、播种机等小微型农机，通过线上线下相结合，累计售出小型农机近 700 台，交易额近 1000 万元，其中线上占比 40%，让先进的农机设备通过互联网走进农村千家万户。

（5）电商培训平台。电商培训平台组织超过 200 场电商活动，近 10000 人参与，包括行业峰会、商家赋能、创客服务等内容，其中累计开展电商培训 100 场，参加培训人数达 4000 多人。与省经信委合作，在平江、醴陵等开展了大学生村官培训，与省共青团合作，为各地州市近 300 名农村青年开展创业培训，与省妇联合作，在常德、株洲、炎陵等地，组织开展了多场针对妇女创业的培训，与省人社厅合作，开展了为期一周的自主择业军转干部电商创业创新培训，与湖南省商务厅合作，落实湖南百万中小企业培训；每个月联合阿里巴巴讲师团队在每个地级市分别开展 2～6 场的免费电子商务培训活动。

3. 项目主要特色及创新

公共服务平台的全面建成，为广大中小企业提供了九大共享机制。

（1）共享客户资源。大数据拥有 20000 多家中小企业，其中 3000 多家农业企业，通过共享机制，可分享流量资源、运营培训资源。

（2）共享运营资源。阿里巴巴 1688 平台、新浪微博、高德地图、钉钉、神马搜索等网络平台流量资源、供应链资源、物流资源共享。

（3）共享产品资源。阿里巴巴系列、农业贸易系列解决方案，移动解决方案，金融解决方案，人才解决方案。

（4）共享财务资源。资金/账务管理、税务筹划、投融资财务支持、财务培训/辅导、外部相关资源。

（5）共享人力资源。多渠道招聘、落地实训、高端人才猎头、人才数据库、薪酬福利、领导力培训、创业老师指导。

（6）共享法律资源。公司架构搭建、融资法务支持、商务法律咨询、法务培训/指导。

（7）共享市场资源。市场战略咨询、品牌传播指导、资源拓展与整合、营销培训。

（8）共享创投资源。天使投资、A 轮、挂牌、标准版、新三板、主板等一站式金融服务。

（9）共享公共关系资源。媒体资源、政府资源、行业协会资源让互联网成为线下交易的前台。

4. 项目实施效果

1）推进了百县万企电子商务工程建设

公司与阿里巴巴内贸平台进行战略合作，组织近 300 人的团队，深入各地级市企业，采用一对一、面对面、手把手的商务模式，帮助更多企业使用全网诚信通开展电子商务，累计服务企业数达到 2 万多家，平均每年新增客户数 3500 家。

2）推进了中小企业信息化移动办公建设

公司与阿里巴巴钉钉进行合作，推广钉钉移动办公系统，在湖南省青联会议和湖南省电子商务大会上进行了深度推广活动。目前推进了湖南 500 多家中小企业利用钉钉移动办公。公司计划与微软公司战略合作，推广微软云服务和微软移动办公工作。

3）推进了中小企业移动营销工程

公司自主研发了移动营销 SaaS 系统，包括"四网合一"和"微往宝"，目前服务的客户数超过了 200 多家，包括辣妹子等公司。

4）物理空间的支持

目前在长沙天心区新时空，麓谷企业广场，长沙县黄兴镇，株洲，湘潭，衡阳，邵阳，常德，益阳形成了 5000 多平方米的孵化办公场地。

5. 精准扶贫和公益工作

目前与湖南省经信委人事处合作，落实怀化靖州九龙山青钱柳茶庄的"互联网＋"多电商平台的工作；与长沙憨儿乐智障人事发展中心合作，派相关人员积极参与 5 场公益活动；与长沙工商联合作，对接落实两个以上贫困村的扶贫工作；与湖南省共青团合作，计划开展针对湖南农村青年的电商创业创新培训活动。与靖州县农广校合作，开展新型职业农民培育杨梅产业培训，与阿里巴巴 1688 合作，开展阿里巴巴年货节湖南站活动，为湖南的活动商家招募各类进货渠道商 2000 多家。

6. 推进了湖南中小企业商圈建设

公司目前在多个城市、多个行业建立了商圈组织，让行业明星客户带动行业，让当地知名客户带动当地。包括高桥商圈、服装商圈、农机商圈、皮具商圈等，开展的商圈活动 30 多场。

7. 推进了农业电子商务的发展

与猴王茶叶、怡清源茶叶、武冈豆腐、湘潭莲子、辣妹子等企业战略合作，注册了淘品牌"壹人壹"，推广湖南特色农产品，累积销售额突破 3 亿元；与雨花区跳马乡三仙岭村农户合作，建立本地化农村培训服务点，帮助当地农民销售苗木，实现上亿元的收入，利润 500 万元；孵化投资的秀峰农业科技公司实现了万台农机进千家，从而帮助农民提升农业生产效率。

5.4.2 移动互联网与农业深度融合，构建新型农业综合服务体系——湖南惠农科技面向农村移动电子商务的平台研发及应用项目

1. 项目基本情况

"面向农村移动电子商务的平台研发及应用"项目是由省农委专业指导建设的农业电子商务服务平台，于 2015 年 10 月 8 日列入长沙现代服务业综合试点农产品电子商务工程第四批示范项目。项目以建设农业移动电子商务综合服务支撑平台为主体，并形成"一体系、一支撑、六服务、三示范"的一体化综合服务系统，即搭建农业综合服务体系，在农业移动电子商务综合服务支撑平台的支撑下，提供农业专家技术服务、农业信息服务、农产品溯源服务、农产品交易服务、农产品物流服务、人才培训服务六项服务；打造以农业信息化、农产品溯源、农业移动电商为代表的应用示范，以上建设内容已经完成。

2. 项目完成情况

1）开发了农村 B2B 电子商务平台及手机惠农 App

湖南惠农科技公司自创立之日起，帮助农产品拓市场、降成本，在电子商务平台、农业信息化等方面上做了大量的工作。2013 年湖南惠农科技公司与中国科学院湖南技术转移中心、省农业厅合作共同打造中国惠农网、"智慧

湘农"、开发农业专用客户端手机惠农 App，积极探索农村移动电子商务的典型应用。截至 2016 年 6 月底，湖南惠农科技公司面向农村的移动电子商务平台注册会员数 175.89 万人，日活跃会员数 20 万人，手机惠农 App 用户安装量 110.5 万台；平台农产品种类涵盖了种植果蔬、养殖水产、园林园艺、副食特产、中药材、农资供应、农机供应，日发布与更新信息达 1.1 万条；据不完全统计，2013 年 11 月至 2016 年 6 月底累计实现交易额（含线下撮合交易）近 20 亿元。

2）打造了县域农业产业带

为适应农业电商及农村移动电子商务发展的市场需求，中国惠农网升级并扩容到 V4.0 版本，新建"网上县域农业产业带"，将县域内农民专业合作社、种养大户、家庭农场、农产品加工经营企业等农业产业及产品资源集中入驻互联网，勾画县域农业"经济地图"，打造县域农业"经济名片"，借助中国惠农网平台的技术、推广、流量、品牌及买家众多且分布广泛等优势推介县域农业产业，营销县域农产品，从根本上改变农产品传统销售方式，降低流通成本，提升农产品生产效益。截至 2016 年 6 月 30 日，中国惠农网平台的业务已覆盖湖南省 9 个市州（怀化、常德、益阳、永州、长沙、株洲、湘潭、岳阳、邵阳），线下设立 30 个服务站点，完成湖南省内洞口、炎陵、武冈、桃源、城步、辰溪、韶山、靖州、隆回等 14 个"县域农业产业带"的建设，以及省外广东、山东、新疆、陕西、广西等地 26 个"县域农业产业带"的建设。

3）实现了从"传统农博"到"智慧农博"的转变

2014 年 3 月湖南惠农科技公司社区移动电子商务产品——"店家亲"正式上线。2014 年 10 月，公司依托中国惠农网平台和"店家亲"App 设计"网上农博会"的总体方案，方案以"永不落幕的农博会"为主线，通过"网上农博会"（即惠农网专题页面展示）、"手机农博会"（即"店家亲"App）、"农博二维码"（即"真源码"）三大主题活动，把消费者与参展商结合起来，并充分利用电子商务、移动互联网等技术创新来打造新农博，真正实现从"传统农博"到"智慧农博"的转变。希望湖南惠农科技公司借助农博会 15 年的客户和消费者资源沉淀，筹备好"网上农博会"湖南模式，并将一张永不落幕的"网上农博会"电子名片推向全国。2014 年 6 月开始共完成收集门店信息 10950 家，建立了门店数据库。

湖南惠农科技公司作为网络协办方，与 2014 中国中部（湖南）国际农博会组委会携手打造了环环相扣的 "网上农博会" "手机农博汇" 和 "农博二维码" 三大平台，全面系统地解决参展企业农产品销售领域的批发和零售问题，以及流通领域的防伪溯源和食品安全问题，让 "新奇特" 农产品走向千家万户，通过 "会前能预定，会后能再买"，真正实现永不落幕的 "网上农博会"。展会情况如下。

（1） "手机农博汇"（即 "店家亲"）：展会期间，入驻 "手机农博汇" 注册用户 45258 人， "手机农博汇" 微信关注 63586 人，摇出 56254 份奖品，价值 656859 元，线上交易订单 23658 元，交易额 1858966 元。其中，粮油副食 412583 元，生鲜食品 312091 元，酒水饮料 321376 元，休闲食品 602285 元，冲调茶饮 210631 元。

（2）自媒体宣传：从 2014 年 9 月 26 日至 11 月 24 日，2014 中国中部（湖南）国际农博会官网累计 IP（网络协议）为 22769，累计 PV（页面浏览量）为 61578（数据来源于 CNZZ），湖南农博会、长沙农博会、中国惠农网关键字排名第一。展会期间，共发布原创农博会稿件 19 篇，微信活动稿件 4 篇，论坛传播 60 频次， "手机农博汇" 微信平台发布 4 条活动资讯，惠农网资讯每天保持至少 1 条农博会资讯更新；新增长沙本地 QQ 群 40 个（长沙本地群累计达到 75 个），累计发送 200 个群；长沙本地邮件发送量约 20 万封，网盟推广曝光 3610077 次，累计曝光月 400 万频次。

基于农产品供应链的品质优化—— "惠农优选"，是由国内领先的农产品 B2B 交易平台中国惠农网（www.cnhnb.com）推出的优质农产品认证体系，通过中国惠农网整合全国农产品数据资源， "惠农优选" 制定出符合消费者感知的品控标准，并将符合标准的供应商筛选出来，对其基地和产品进行 "真源码" 防伪溯源认证。目前 "惠农优选" 已与苏宁易购、邮政 EMS 商城、涯叔农场、爱尚通程、天虹商场、中石化易捷便利达成多渠道合作，并建立了完善的全国微商分销体系。

4）构建了农产品防伪溯源平台

针对农产品标准化程度低、品质相对难控的现状，湖南惠农科技公司研发了国内领先的全程追踪防伪溯源系统—— "真源码" 平台。利用云计算和大数据技术的 "真源码" 可通过产地认证、全程追踪、保鲜（质）期、位置信息、明暗双码、一品一码六大防伪功能，实现农产品生产从播种到餐桌的无缝监控，切实确保消费者舌尖安全，为各级政府食品安全监管部门提供科学、先进、有效的监管工具。

2014年，"真源码"首次亮相农博会，并以"农博二维码"为参展企业打造的农产品防伪溯源平台，为每一个参展商品免费提供独一无二的"身份证"——农博二维码，杜绝假冒伪劣，为参展企业品牌保驾护航。2015年，"真源码"防伪溯源平台已与湖南建玲黑茶、湖南唐人神、湖南乾坤食品、北京百花蜂业、北京森根比亚等61家知名食品企业签订了合作合同，与广东佛山印得高、湖南百瓦加等规模包装印刷企业签订了代理业务合同，具有自主知识产权的可变二维码喷码设备和印刷集成系统已成功投产运营。

2015年，公司与湖南教育后勤协会达成战略合作，基于中国惠农网和"真源码"构建"湖南省学校联合采购监管平台"（简称"湘联采平台"），利用电子商务、移动互联网、大数据、云计算等技术实现集中采购、高效流通和精细监管，开创国内领先的"学校联采"湖南模式，打造监管省心、供应商开心和学校放心的"三心食堂"。同时与湖南省绿色食品办公室合作共建"湖南绿色食品网"，利用互联网和"真源码"技术推广、营销湖南"三品一标"农产品。

5）成立了惠农商学院

2015年10月，公司与湖南商学院合作成立"惠农商学院"，有效整合各种培训资源，采取线上、线下相结合的方式，广泛开展面向农村为主的农业电子商务适用、实操人才培训，探索农村电商培训的有效可复制模式。目前，惠农商学院拥有内部讲师22人，聘请特约学者、专家、领导、企业家和互联网资深教师等，已在省内各地开展农村电子商务各类培训26期，共培训2800人次，为湖南农村大众参与并运用电子商务奠定人才基础。同年，惠农商学院获得阿里巴巴农村淘宝第三方培训服务商、人才招募服务商资格，已在南县、慈利、双峰等地举办6场合伙人培训班等。

3. 项目的实施效果

1）打造了全国具有领先地位的农产品电子商务平台

中国惠农网（http：//www.cnhnb.com）是以农村移动电子商务为突破口的农产品电子商务交易平台，于2013年9月1日正式上线运营，平台运用移动互联网技术互通供求两端的信息、交易、支付、物流等环节，有效解决农产品因产销信息不对称而导致的滞销、卖难买贵等问题，以县域农业生产企业、农民专业合作社、种养殖大户和销地农产品经营企业、商户为主要服务对象，整合地方资源，聚焦产业优势，促进农产品销售信息化、标准化、品牌化，创新农产品销售方式，推动农业产业升级。

项目建成运营以来，对农产品流通发挥了重要作用：在国内农产品电商 B2B 领域，已形成 "北有一亩田、南有惠农网" 的格局。中国惠农网平台注册会员从 36.79 万人增长到 175.89 万人，已覆盖 30 个省、市、自治区（除西藏、台湾、香港和澳门特别行政区），其中以山东省用户最多，湖南排名第六；线上及线下撮合交易额从 2014 年的 2 亿元到 2016 年的 20 亿元；贡献值来源排名 TOP10 的平台单品，以种植类为主，包括苹果、蜂蜜、猕猴桃等；项目运营期间，参加全国性农产品展会 20 多次，宣传推广中国惠农网平台与手机惠农 App。

2）获得了 2016 年新农民创业创新百佳成果奖

为深入实施 "互联网＋" 现代农业行动计划，大力发展农业农村电子商务，促进农业农村大数据发展应用，推动农村互联网创业创新局面的进一步形成，农业农村部在全国范围内遴选 100 个 "互联网＋" 现代农业优秀实践案例和 100 项新农民创业创新成果。由中国惠农网推选的电商扶贫——中国惠农网扶助靖州贫困大学生卖杨梅案例，获新农民创业创新成果奖。在靖州杨梅产业化发展中，中国惠农网凭借自身的优势资源扶助贫困梅农，贫困大学生吴小艳就是贫困梅农中的典型代表，充分体现了互联网电子商务为实现新农民创业创新提供了推动力和辅助资源。

3）形成了 "永不落幕" 的农博会湖南模式

试点项目除传统媒体电视、广播宣传外，还采用网络渠道宣传，在苹果、安卓应用市场推广 App，在互联网官方媒体和自媒体中推广试点的成效和农户应用的经典案例，让更多的农产品种养殖大户、合作社参与到 "互联网＋农业" 的行列中来，通过试点项目的示范应用拓宽农产品销售渠道，增加农户收入，让农产品买卖更方便、更快捷。中国惠农网亮相全国性农业类会展 22 次，在 2014 中国中部（湖南）国际农博会中，由农博会组委会携手中国惠农网打造了环环相扣的 "网上农博会" "手机农博汇" 和 "农博二维码" 三大应用平台，成为农博会最大亮点，并探索出独特的农博会 "湖南模式"，提升了当届农博会的影响力，在展会期间对展会盛况进行了报道或转载，共传播 145 频次（不含中国惠农网资讯平台），农博会官网累计 IP 为 22769，累计 PV 为 61578（数据来源于 CNZZ），湖南农博会、长沙农博会，中国惠农网关键字排名第一。同时，农博会组委会授予中国惠农网 "全省农业农村电子商务推进活动优秀对接平台" 的荣誉。

4. 社会效益

1）行业领先

公司探索并开发的以中国惠农网为载体的农产品 B2B2C 电商模式，利用现代信息手段有效解决农产品的批量销售，从根本上改变农产品传统销售方式，让农产品卖得更远、更广，从价格卖得更高等方面实现突破，确保农产品电子商务能落地、可交易、成规模、可持续、可增收，这在国内同行业中尚处领先地位；根据中国电子商务研究中心（100EC. CN）发布《2016 年（上）中国电子商务市场数据监测报告》，中国惠农网位列综合平台电商和信息服务电商名单中。公司运用大数据、云计算技术开发的以切实有效解决农产品全程追踪溯源的"真源码"平台，实现"一品一码"等综合生态圈服务功能，系国内首创；截至 2016 年年底，平台注册会员已达到 191 万户，遍及全国除中国港澳台、西藏以外的所有省（市、区），日活跃用户 10.5 万人，百度搜索引擎收录 98 万个页面，App 移动端用户达到 202 万。截至 2017 年年底，公司实现销售收入 8277.25 万元，实现利润 406.64 万元，上缴税金 25.25 万元，就业人数 221 人。

2）典型应用范围广

项目在农业领域及广大农村推广应用，一方面从根本上改变农产品的传统销售方式，减少农产品流通中间环节，降低农产品流通成本，切实有效解决农产品因信息不对称而导致的难卖、贱卖问题，使"互联网＋农业"真正落地；另一方面利用自主研发的"真源码"全程追溯技术，进行农产品的产地认证、质量安全信息采集和全程追溯，促进农业生产的专业化、品牌化、标准化建设，提升农产品市场公信力和农产品消费安全指数，促进农业供给侧结构性改革，助力传统农业产业转型升级、提质增效并可持续发展。截至 2016 年年末，惠农网已拥有数百万家注册会员和专业的农产品批发市场"数据库"资源，App 移动端在线客户达百万，已覆盖全国 2000 余个县市。惠农网手机客户端已成为农业从业者和采购商的必备工具。

3）实现产业聚集发展

平台整合资源搭建仓储物流体系，降低农产品流通物流成本，促进农产品上行，实现农民增收，助推"一网多用、城乡互动、双向流通、平急共用、融合一体"的农村现代流通体系发展，带动农村消费。结合创新的电子商务平台模式，累计吸引了湖南本土近千家农产品生产基地和种养殖大户，汇集了近 5000 种农产品，取得了良好的经济效益和社会效益，为传统电子商务探索出了新的盈利模式，催生了新的产业群。

4）助力电商扶贫

利用"真源码"防伪溯源技术，促推贫困县域"一县一品""一乡一品""一村一品"农产品品牌建设。"惠农优选"团队专门挖掘贫困县域无公害、绿色、有机和具有地理标志的"三品一标"农产品，利用具有发明专利的"真源码"技术进行品控及产地认证、防伪溯源追踪体系建设，并借助互联网优势进行全网络营销推广，以"打造一个品牌，拉动一方经济，脱贫一方百姓"为目的，促进生产方式转变和产品销量、销价提升，增加贫困群众收入。2016 年先后在辰溪、靖州、城步、中方等县市推进该项工作，引领具有地域性特色优势的传统农业向品牌化、标准化、规模化现代农业转变，真正发挥电商产业扶贫的应有作用。

5）培养电商人才

面向农村开展适用、实操型农村电子商务培训，项目建设期内，采取线上线下相结合的方式培训农户、种养大户利用互联网推广、营销农产品，探索农村电商人才培训模式，培训农村电商适用实操人才 1 万人；同时，带动农产品相关产业发展和就业机会的增加。

5. 项目主要特点及经验总结

1）打破农业电商格局，形成"南有惠农网，北有一亩田"

本项目以培育和服务农村移动电子商务为重点，以产业配套和技术创新为核心，以良好的软硬件环境和服务设施为保障，为"三农"提供综合服务。项目立足湖南，辐射全国，以示范应用为突破点，探索农业与互联网融合发展的商业模式，创新产业融合，形成覆盖多行业、多产业环节的产业生态圈。由工业和信息化部电子第一研究所指导、中国两化融合服务联盟鼎力支持、大宗商品电商圈和 B2B 内参联合主办的 2017 第二届全国大宗商品电商峰会在北京举行。在峰会上，中国惠农网被评为"2017 年中国大宗商品电商百强企业，农产品类十强"的荣誉称号。

2）开辟"县域产业带"农业电商新模式

依托中国惠农网建立的"网上县域农业产业带"，将县域内农民专业合作社、种养大户、家庭农场、农产品加工经营企业等农业产业及产品资源集中入驻互联网，勾画县域农业"经济地图"，打造县域农业"经济名片"，借助中国惠农网平台的技术、推广、流量、品牌及买家众多且分布广泛等优势推介县域农业产业，营销县域农产品，从根本上改变农产品传统销售方式，拓宽农产品销路。

洞口试点成功经验主要有以下五点：一是县政府积极鼓励农户应用电子商务，为付费注册会员补贴50%扶持资金；二是惠农网派专业队伍下乡，以多种形式为用户培训；三是为洞口县域用户统一设计"洞口农业产业带"抱团上线有优势；四是提供一对一的专业VIP客服为用户管理店铺；五是由于近几年移动互联网兴起，3G、4G信号覆盖农村，部分用户在网上生意红火的时候，计划扩大土地面积，做成规模企业，对土地流转可起到很大的推动作用。

3）拥有"真源码"核心防伪技术

公司自主研发并主要用于农产品产地认证及质量安全追溯的技术（申请号或专利号：201410147890.9、201510504234.4、201510193478.5、201610712031.9）是我国至今具有领先水平的全程追踪防伪溯源技术。通过项目试点建设，公司在技术创新方面取得了实质性突破：截至2016年年底，已先后拥有和获得软件著作权18件、专利6件、实用新型2件。2016年湖南省发展改革委将公司"中国惠农网农林产品网上销售平台及质量安全追溯扩建"项目作为长沙国家电子商务示范城市唯一的"互联网＋农业"项目上报国家发展改革委，提交国家重大项目建设库；湖南省农委将中国惠农网的"互联网＋现代农业"农产品质量安全追溯技术及农产品电子商务项目申报了"国家工程实验室"项目。利用产地认证和防伪溯源的可追溯、互联共享信息平台，可以全面提升农产品在市场销售的公信力，提升其品牌价值，加速农产品生产的品牌化、标准化、规模化，推动我国传统农业经济转型升级。

5.5 对外贸易典型项目评价与分析

5.5.1 构筑内外贸结合发展平台、打造全球商业新格局——湖南高桥大市场农副产品内外贸结合试点市场及进出口商品展示交易平台

1. 项目单位概况

湖南高桥大市场股份有限公司于2009年5月注册成立，主要负责湖南高桥大市场的统一建设、定位、招商和运营管理。高桥大市场于1996年9月开业，经营面积50万平方米，由酒水食品城、茶叶茶具城、农副产品城、酒店用品城、现代商贸城、文体用品城、医药流通园和服饰家纺城八大专业市场

构成，拥有优质商户 6000 余户，经营从业人员 15 万人，年交易额 1000 多亿元，是湖南省唯一的千亿级商贸龙头市场，是中南地区最大、最成熟的综合性专业市场集群，以及全国第三大综合性市场。高桥大市场是国家扶持的重点建设项目和湖南省、长沙重点工程，荣获 "中国示范市场" "全国转型升级示范市场" "全国内外贸结合示范市场" "湖南省内外贸结合商品市场" 等荣誉称号。近年来，高桥大市场以 "国际高桥、世界商港" 为战略定位，以 "品牌化、信息化、专业化、产业化、国际化" 为发展方向，建设 "内外贸结合试点市场"，努力打造中部国际采购中心、国家级进口商品集散中心和国际化批发交易中心。

2. 项目完成情况

项目完成农副产品交易市场的提质升级和高桥国际商品展示交易中心的改造，建成包括高桥商城、高桥智慧商城和海外 B2B 展示平台的内外贸一体化 B2B 电子商务平台，实现了项目规划的所有功能，带动市场累计实现外贸交易额达 30.15 亿元，取得了较好的效果。

1）农副产品专业市场提质升级工程

截至 2016 年 11 月，高桥大市场累计投资 40732 万元，占规划投资总额的 105.8%，完成了茶叶专业市场、中药材专业市场、农副产品专业市场改造升级，改造总面积 149447.08 平方米。同时，公司还按照内外贸结合试点市场的要求，在全市场范围内建设了中英文（阿拉伯文）导视系统，为国内外消费者提供便利。

2）进出口商品展示交易中心项目

进出口商品展示交易中心项目于 2016 年 11 月改造完成，建筑面积 15000 平方米，累计完成投资 4020 万元，占规划投资总额的 100.5%。项目命名为高桥国际商品展示贸易中心（以下简称展贸中心），定位为湖南与海外国家的集 B2B 贸易、经济、展会及文化交流于一体的一站式平台，设有进口商品展贸中心、进出口商品会展功能区、国际贸易综合服务区三个功能分区。

（1）进口商品展贸中心。

国际商品展示馆是进口商品的常设展贸平台，引进了 11 个国家和区域馆，包括罗马尼亚馆、中东欧馆、东南亚馆、澳门及葡语系馆、印度馆、LG 健康生活馆、西欧馆、中亚东北亚馆、"台湾"馆、澳新馆及智利馆。目前，国际商品展示馆共展出来自 45 个国家和地区的产品样品 6560 种，其中，从长沙口岸直接报关的直采样品数量达到 245 种，储备直采商品资源 416 种，很多是首次进入国内的进口产品，种类包括日用品、饮料、红酒、水果、休闲食品等。

（2）进出口商品会展功能区。

进出口商品会展功能区面积1000平方米，可容纳300～500人，主要用于举办各类经贸对接、产品发布、商务洽谈等活动，是进口、出口商品进行展贸交易的中心。开业至今近半年来，已承办各类活动36场，包括"第一届国际采购对接会"、吉尔吉斯斯坦产业推介会、韩国产品推介会、罗马尼亚产品品鉴会、摩尔多瓦红酒推介会等。

（3）国际贸易综合服务区。

高桥大市场设立了外贸服务中心、中部国际采购商中心等区域。其中，外贸服务中心下设政务中心，海关、商检、税务、外汇、商务等政府部门设立了办事窗口；外贸服务中心还引入了湖南生易圈供应链有限公司（浩通）、长沙好样的供应链有限公司、湖南恒峰国际仓储物流有限公司、湖南大地国际货运有限公司、湖南美达供应链有限公司及长沙九州翻译服务有限公司等供应链平台公司和服务公司，为广大商户发展对外贸易提供一站式外贸政务服务、全流程外贸业务代理服务等。

3）"内贸＋外贸" B2B电子商务平台项目

（1）高桥商城。

高桥商城（www.gqmarket.com）于2015年11月正式上线，是服务于市场广大商户的B2B电商交易平台，目前已入驻商户3800家，上线商品100000个，发展下游采购商20000余家，其具有以下三大特点。

①实体担保，线上线下一店两铺。由高桥大市场提供第三方担保，每个线上店铺都对应了一个由市场、政府严格监管的线下店铺，彻底解决传统电商假货泛滥、投诉无门的问题。

②产品齐全，170万种商品支持。涵盖酒店用品、酒水食品、茶叶、农副产品、文体玩具、家电、皮具饰品、针棉服饰、药材药品八大类商品。

③进口专区，全球厂家直供。依托高桥国际商品展示贸易中心，有来自45个国家的数千种直采商品，很多商品都是首次进入国内。高桥进口专区首批上线进口商品1000余种。

（2）高桥智慧商城。

高桥智慧商城于2016年6月上线运营，是服务广大采购商和消费者的综合性O2O服务平台，也是服务市场商户的营销推广及交易平台，可为客户提供免费 Wi－Fi、商品查询、店铺查询、店铺导航、优惠查询、在线购买等服务，也能为市场提供准确的人流流量分析。

同时，高桥大市场还设立了专业服务团队，为商户提供网店托管、商品拍摄、图片处理、运营策划及电商咨询和培训等一整套电商服务，帮助商户实现"零成本"上线运营。

（3）海外 B2B 展示平台。

高桥大市场海外 B2B 展示平台（www. gqitd. com）于 2016 年 11 月上线，有英语、法语、德语等 15 种语言，现已精心筛选并上线高桥大市场优质商品数量 1000 余种。海外 B2B 展示平台辐射五大洲，是高桥大市场在海外重要的线上展示窗口，已吸引了中东、非洲、东南亚、印度等世界各地采购商在线询盘，扩大了高桥大市场的辐射范围。

3. 项目的效果及特色亮点

1）项目的效果

项目建设以来，通过不断完善软硬件条件和建设内外贸综合服务功能，湖南高桥大市场农副产品内外贸结合试点市场已成为湖南省乃至中西部地区最有影响力的开放型平台，取得了明显的效果。

（1）落实开放型经济政策，努力建成湖南省内外贸结合试点市场。

高桥大市场积极对接国家"一带一路"倡议，落实湖南省第十一届党代会首次提出的"创新引领，开放崛起"战略定位和长沙打造"内陆开放型经济新高地"的开放发展目标，积极开展对外贸易发展方式创新，培育外贸新业态，努力建设内外贸结合试点市场，并实施了本项目。通过本项目的实施，高桥大市场内外贸结合发展的环境得到大幅改善，2016 年 7 月，被湖南省商务厅评为"湖南省内外贸结合商品市场"，成为湖南唯一的内外贸结合试点市场，并被中国市场学会评为"全国内外贸结合示范市场""进口商品营销网络国家级骨干市场"。

（2）进行大规模提质改造，市场内外贸结合发展的环境明显改善。

本项目完成农副产品交易市场提质改造总面积 149447.08 平方米，提升改造进出口商品展贸中心建筑面积 15000 平方米，完成了预期改造目标，大幅提升了相关区域的硬件环境。

（3）实施全方位转型升级，创新中心城区专业市场发展模式。

本项目立足于专业市场集聚效应，构建涵盖商户、商品、资源、渠道、信息等综合性服务平台，按照"品牌化、信息化、专业化、产业化、国际化"

的发展方向，增强服务能力和资源集聚。

一是打造内外贸资源集聚平台。建设"湖湘特色产品出口基地"和"中部进口商品批发交易中心"，集聚开放型政策、文化资源，进口、出口商品资源和渠道、网络资源，推动高桥大市场从典型的内贸流通市场向国际化批发交易中心转变，带动商户从以内贸为主，向内外贸结合的方向发展。

二是打造内外贸一体化电商平台。建成高桥商城、高桥智慧商城和高桥海外 B2B 展示平台三大平台，构建涵盖"线上＋线下""内贸＋外贸""进口＋出口"的电商体系，推动市场由传统现货批发交易向线上线下互动发展，依托实体担保、一店两铺的模式，实现线上内外贸结合发展。

三是打造内外贸综合服务平台。本项目建成了国际商品展贸中心、湖南特色产品出口基地、国际会展平台、旅游购物示范街区等，建立了外贸服务中心，设立政务中心，海关、商检、外汇、税务等部门设立了办事窗口，提供一站式"绿色通道"服务，引进外贸服务公司，提供全流程外贸服务。

（4）发挥平台经济效应，项目带来了良好的经济效益和社会效益。

项目对公司收入和利润增长具有明显促进作用，2016 年项目实现收入 1.96 亿元，项目利润总额 1.06 亿元，上缴税收 3800 万元。项目对市场内外贸发展起到明显的促进作用，成功带动 21 家商户自主发展外贸，实现业绩破零；带动 600 多家商户大力发展外贸业务，进出口总额累计达到 30.15 亿元，成为长沙重要的外贸创新平台。

项目的实施带动了广大商户的转型升级，推动商户从内贸为主，向内外贸结合发展转型；从现货经营为主，向线上线下互动发展转型；从传统经营为主，向展贸、品牌、服务经营转变。

项目对供应链上下游有明显的带动作用，尤其对于茶叶、农副产品、中药材、酒水饮料等湖南特色产业的内贸、外贸发展具有明显的推动作用，据估计，将带动市场交易额增长 100 亿元，带动 1500 余家上下游企业发展，间接带动新增产值 200 亿元。

项目还产生了良好的社会效益，成为长沙重要的创新创业的示范基地。项目新增商户 302 个，直接带动就业 6000 余人，间接带动上下游新增就业岗位 18000 余个，对促进就业和创业发挥了重要的平台作用。同时，2016 年，高桥大市场建立了"长沙中小商贸流通企业服务工作站"和"长沙雨花区中小企业服务高桥工作站"，并被长沙小微企业创业创新工作领导小组办公室认定为"全国小微企业创业创新示范城市核心基地（商贸集聚区）"。

（5）领导高度重视，成为省市政府推介湖南商贸特色的重要窗口。

项目实施以来，高桥大市场逐渐成为长沙乃至湖南省重要的开放型经济示范平台，各级领导多次到市场进行调研。对高桥大市场内外贸结合试点市场的建设给予了充分肯定。

2）项目的特色亮点

（1）构筑内外贸结合发展平台，打造"全球生产、高桥交易服务、世界消费"的商业格局。

本项目可充分发挥内贸、外贸两个渠道，大规模汇聚进口、出口两种资源和高效利用国内、国外两个市场，形成内外贸结合发展的新商业格局。

一方面，高桥国际商品展贸中心汇集了全球 45 个国家和地区的优质进口商品，以"一手货源，全球正品"的定位，借助高桥大市场 6000 多家商户已建立的渠道网络，进入 2 亿多消费者的日常生活中。

另一方面，高桥大市场依托在内贸市场的龙头地位以及作为产品集散地的作用，通过项目的实施，形成了湖湘特色农副产品出口基地。同时，高桥大市场通过"走出去"和"引进来"相结合的方式，推动湖南特色产品依托高桥大市场实现"全球消费"的局面：一是积极引进国际采购商，通过举办高桥国际采购对接会、组织商户参加展会、引进外贸公司等方式，成为国际采购商在中部地区的重要采购基地，每年来到市场的国际采购商和国外游客超过 8000 余人；二是积极走出去开拓国际市场，高桥大市场建设了"湖南高桥大市场名优特商品（香港）展示展销中心"，并正在建设美国、澳大利亚的境外展示厅和海外仓，还利用出口 B2B 展示平台，组织湖南优质特色产品进行全球展示销售。

（2）完善对外贸易公共服务，助力中小商贸流通企业快速开拓国际市场。

本项目通过完善外贸公共服务体系，以市场化方式高效整合和利用资源，改变传统商贸流通企业小、散、乱的现状，克服信用等级不足、资产规模较小、国际经验匮乏等困难，帮助企业解决"走出去"的难题。

一是外贸服务体系建设。搭建了一站式、全流程的外贸服务中心，海关、商检、外汇、税务等部门设置办事窗口，为商户提供一站式外贸政务绿色通道；还引进了多家专业的外贸平台公司，提供涵盖贸易洽谈、通关、报检、退税、结汇和物流、金融保险等全流程的外贸服务，解决了商户外贸业务流程的所有难题。

二是争取外贸便利政策试点。高桥大市场是省、市、区三级政府大力支持和推动的湖南省唯一一家"市场采购"贸易方式的试点单位。"市场采购"贸易方式，是针对专业市场广大商户对外贸易小批量、多批次的特点而创设的新型贸易方式，将对广大商户发展外贸提供更多的政策便利。

（3）为商户量身定制电商服务平台，线上线下联动提升贸易便利化水平。

①电商服务平台集店铺展示、商品浏览、在线导购、货物交易、物流配送、供销管理等功能和服务为一体，更符合批发交易特点。

②建立专职服务团队，为商户提供统一订货、统一配送、统一服务等免费服务内容，降低商户运营管理成本。

③商户便利地实现一租两铺，线上线下同步开展经营，提高线上的交易额，也优化商户线下经营的效率。

（4）集成新技术，优化业态功能布局，实现"新批发"与都市功能和城市形象的融合。

高桥大市场是经过20余年孕育发展形成的大型商贸产业集群，孕育了浓厚的商脉氛围，成为城市的商业坐标和城市商业品牌，是城市功能不可或缺的组成部分。通过本项目的实施，进一步提升了市场的整体功能和形象，更加适应新的发展形势的要求。

①集成新技术，广泛利用移动互联网、物联网、Wi－Fi、云计算、大数据等前沿的技术，建立了领先于全国专业市场的智能导航系统、防伪溯源查询系统，更加适应目前快速发展的"新零售"。

②以商贸为基础，构建文化、休闲、旅游的重要基地，通过项目的提质改造建设，在茶叶城建成了具备湖湘建筑风格、中国文化特色的商业街区群，形成以茶文化交流、休闲和购物旅游于一体的旅游购物示范区，深得国内外游客等的喜爱。

③以产业为基础，打造特色健康服务平台。高桥大市场中药材专业市场通过提质改造，不仅成为中药材、保健产品、医疗器械等的集散中心，更集聚了一批从事医疗健康的服务机构、专家，开展特色健康、教育服务，提升了市场的现代服务水平。

（5）发挥示范带动作用，努力培育和引进集市场销售、研发设计、品牌发布、现代物流、信息服务于一体的新商户，推动商贸流通行业创新发展。

4. 未来展望

本项目的实施，是高桥大市场开展转型升级实践探索的阶段性成果和重要基础，也是加强后续运营管理、实现更快发展的新起点。未来，高桥大市场将在更高的平台上，从以下几个方面继续开展工作。

（1）全面对接国家"一带一路"倡议，推进内外贸结合商品市场建设，带动商户大力发展对外贸易。

高桥大市场将进一步深度对接国家"一带一路"倡议，落实省十一届党代会提出的"创新引领，开放崛起"定位，构建长沙打造内陆开放经济新高地的重要示范平台，强化"湖南省内外贸结合商品市场"的地位。

一是继续完善外贸服务平台建设。高桥大市场规划打造"四中心、三平台、二基地"九大外贸服务平台。

四中心：国际贸易综合服务中心、国际商品展示贸易中心、中部国际采购商中心、海外展示销售中心。

三平台：跨境电子商务平台、高桥海外文化艺术交流平台、国际会展平台。

二基地：高桥保税基地、湖南特色产品出口基地。

随着本项目的实施，国际贸易综合服务中心、国际商品展贸中心、海外展示销售中心、跨境电子商务平台等的建设逐步完善，湖南特色产品出口基地取得重要成果。

未来，高桥大市场将在本项目已取得的成果的基础上，着力建设湖南特色产品基地、高桥保税基地、海外展示销售中心等平台，增强外贸发展的平台支撑能力。

二是大力提升开放型经济发展水平。第一，继续完善外贸政策便利性平台，积极申请获批成为全国第四批"市场采购"贸易方式试点市场；第二，加大对外贸易主体的培育引进力度，主要包括市场商户的外贸知识和业务能力培训、外贸经营资质办理和外贸业务代理服务等，省内重点出口产业的引进，如醴陵陶瓷、邵阳箱包、安化黑茶等，以及专业外贸公司的大力引进；第三，外贸资源的对接，通过引进来、走出去相结合，对接国际采购商、进口商品等，包括国际采购对接会、涉外展会、跨境电商展示平台、境外营销中心等；第四，加强国际商品展示贸易中心的运营推广，扩大进口商品销售品类，与广大商户渠道联动，打造湖南进口商品的批发集散中心。

（2）加强软硬件和服务能力建设，注重项目后续的运营，构建商贸流通企业"创新创业"示范基地。

一是继续开展硬件提质改造建设，改善市场的经营环境，为广大商品牌化、体验化、服务化创新发展提供符合需求的更大、更美的经营场所，引导商户转型升级，创造更大的价值创造空间。

二是完善品牌培育、运营推广、经营管理、物流仓储、信息咨询、法律维权等服务，构建全方位的中小微企业创业培育服务体系，帮助企业实现低成本创业。

三是发挥已建成的高桥商城和高桥智慧商城等平台的作用，提供完善、专业的全流程电商服务，帮助商户实现零成本线上运营，增强商户电子商务发展能力，扩大经营者发展空间。

（3）加强商贸流通行业发展规律的研究，科学指导市场未来发展。

向业内知名专家学者学习，加强行业咨询，引进专业人才，积极探索商贸流通行业发展规律和趋势，更加科学地指导市场进行转型升级和发展，推动专业市场科学发展、健康发展。

5.5.2 注重技术创新，打造外贸综合服务平台——浩通农产品进出口通关代理中心建设项目

1. 公司基本情况

农产品进出口通关代理中心建设项目是由浩通国际货运代理有限公司承担与实施的。浩通国际货运代理有限公司（以下简称浩通公司）成立于 1996 年 5 月，目前公司已经拥有了 20 多家全资子公司和分公司，在全球拥有 150 多家海外代理服务网点，网络平台完善，集团优势突出，许多指标在湖南同行业中名列前茅。浩通公司先后被政府部门授牌为通关代理中心和外贸综合服务企业，融通关、物流、融资、退税、结汇、信保等为一体的新型外贸综合服务体已振翅起飞。浩通公司是中国最早获得一级国际货运代理资质的企业之一，并被评为 AAAA 级综合服务型物流企业和 AEO 高级认证企业，拥有民用航空货物运输一、二类销售代理人（航空铜牌）、交通运输部无船承运人（NVOCC）、道路运输许可证、国际快递、ISO 9001—2008、代理报关、代理报检等一整套国际运输业务经营资质，在行业内具有较长的经营历史。2017 年，浩通公司实现营业收入27388.90 万元，利润总额 1857.72 万元，税收 651.26 万元，就业人数353 人。

2. 项目主要成效

1）优先实现无纸化通关，打造外贸综合服务平台

一是在湖南率先实现了无纸化通关，二是打造了外贸综合服务平台。

浩通公司以项目为依托自主开发了通关系统，在湖南率先实现了无纸化通关，是第一家在湖南实现了与海关 QP（快速通关系统）系统无缝对接的报关企业。浩通公司率先整合外贸各类环节服务，打造集市场开拓、通关、物流、退税、结汇、融资、信保为一体的外贸综合服务平台，统一投放给湖南中小外贸企业。该项举措获得了湖南省政府和湖南省商务厅的大力认可。

2）打造公共服务平台，推动全省外贸队伍

一是搭建了公共服务平台，并免费提供给企业使用；二是在永州进行一对一精准扶贫；三是承建园区外贸综合服务中心。浩通公司自主研发了生易圈外贸综合服务平台、财务管理系统、货运管理系统、通关代理服务中心等信息平台，并获得了软件著作权，免费向合作企业开放，为企业节约了人力成本、管理成本与财务成本。以彭鑫董事长和郑璧双总经理为领队，以服务浩通公司满 20 年的员工为成员的浩通扶贫慰问代表团，带着全体员工的嘱托和心意，将用于浩通公司 20 周年庆典的 20 万元专项资金全部捐赠给了当地的困难户，以实际行动感恩社会，精准扶贫。为推动全省外贸 "破零倍增"，壮大对外贸易队伍，扩大外贸规模，经湖南省商务厅、湖南省财政厅联合认定，第一批浩通已在全省入驻 9 个省级以上园区，其中长沙地区已获批入驻长沙经开区、长沙高新区、高桥大市场和浏阳经开区。第二批浩通应各园区邀请已拟定再入驻 9 个园区。主要为园区中小外贸企业提供通关、物流、退税、融资等外贸一站式免费咨询服务。

3）注重技术创新，搭建融资平台

一是打造了在中部比较有影响力的农副产品粗饲料加工仓库，并申请了 7 项专利；二是搭建了外贸新形势下的融资平台。浩通公司根据进口农副产品饲料的特性，对掏箱设备进行了一系列改造，获得了一种带初选网的物料漏斗、一种物料自动包装装置、一种带装卸漏斗的装卸机等 7 项实用新型专利，打造了湖南唯一的农副产品饲料粗加工仓库，吸引岳阳、湘潭及武汉等地同行来长沙学习。根据外贸企业的实际融资需求，整合了银行、信保、担保公司等金融机构，搭建了新形势下的外贸融资平台，解决了外贸企业生产资金缺乏的问题，并为湖南省实现了部分业绩回流。回流的产品主要包括进口的婴幼儿奶粉和汽车润滑油等。出口产品有童车、服饰与机械设备等。

4）带动农民增收，促进农业增效

该项目有效带动长沙乃至中南地区农产品进出口，年带动湖南进出口额约 201 亿元，带动长沙地区各类农产品如烟叶、茶叶、食品罐头、竹制品、蔬菜等农产品进出口额约 20.1 亿元，大大增加了农民的收入，并为农产品行业新增了就业岗位。浩通公司通过与香港蔬菜协会对接，成功将永州、益阳、长沙县的农副产品推送至中国香港、澳门等地。

5）全程有效监管，注重食品安全

随着消费者对于食品安全的重视度越来越高，为防范与杜绝市场上的假货与串货，项目采用了全程产品质量溯源管理防窜货系统，实现产品全程有效监管，确保在任何环节都能对产品快速辨别真伪。

3. 项目主要经验

1）强化协同发展，提升外贸服务

该项目有效带动长沙乃至中南地区的农产品进出口，在项目建设中，相关企业对恒温、跨境、报税、粗加工等外贸全流程服务仓储需求越来越大、要求越来越高，浩通公司与其他行业的资源组合、协同发展有效提升了公司的外贸服务。公司打造集市场开拓、通关、物流、退税、结汇、融资、信保为一体的外贸综合市场服务平台，为相关企业提供了外贸全套单证的制作与审核，提升了外贸服务的质量与效率。

2）加强技术创新，保障产品质量

在项目建设中，浩通公司打造了在中部都比较有影响力的农副产品粗饲料加工仓库，并申请了 7 项专利，这为项目的进展提供了技术基础。技术创新是公司的立足之本。技术创新保障了产品的品质，浩通公司实现产品全程有效监管，确保在任何环节都能对产品快速辨别真伪，也确保了产品的安全。加强技术创新、保障产品质量可促使企业可持续发展。

3）注重人才培养，加强队伍建设

人才培养对企业来说至关重要，外贸人才尤其是高级外贸人才的缺乏，会严重制约企业的外贸发展。浩通公司注重人才培养，分工明确，职责清晰。在该项目中，成立了由总经理牵头的项目小组，并明确了项目小组成员的工作职责，项目小组高效、有质地完成了各项任务。因此，注重人才培养，加强队伍建设对企业发展至关重要。

5.5.3 传播中国茶文化，建设茶叶全产业链体系——中茶 "茶叶出口转型升级与国际营销体系建设" 项目

1. 公司基本情况

项目实施单位湖南中茶茶业有限公司（以下简称湖南中茶）是由中粮集团旗下中茶茶叶有限公司全资控股的国有企业。湖南中茶前身为 1950 年 9 月成立的中土畜湖南茶叶进出口公司，至 20 世纪 90 年代末，一直是湖南最大的茶叶专营公司，曾创造了年出口创汇元的辉煌历史。湖南中茶主营绿茶、黑茶、红茶、花茶及乌龙茶、普洱茶等，集茶叶种植、生产、加工、研发、销售、文化推广于一体，现为国家级农业产业化龙头企业，国家高新技术企业，湖南省茶叶加工五强企业，连续多年被评为中国茶叶行业百强。拥有 "沙漠之舟" "中茶·百年木仓" "中茶·武陵绿" 等知名内外销品牌，实现茶叶出口元，营收近两亿元的良好业绩。

湖南中茶技术力量雄厚，产能稳定，产品远销俄罗斯、欧盟、北美、中亚、中东、非洲等地，并在俄罗斯、毛里塔尼亚、阿尔及利亚都设立了代表处，与 100 多家茶叶进出口商建立了友好贸易关系。湖南中茶在境内已建立以华中、华南、华北为样板市场，覆盖全国范围，传统渠道、专卖渠道、现代通路渠道、电子商务渠道等多渠道并存的销售体系，成功实现了由纯外贸型企业向内外销并举、两条腿走路的战略转型。旗下中茶湖南安化第一茶厂有限公司地处益阳市安化县城东坪镇西州。中茶湖南安化第一茶厂有限公司占地面积 79682 平方米，总资产 7500 万元，职工 380 人，拥有两条年产 3000 吨安化黑茶、红茶生产线，是一家从事安化黑茶、红茶生产，并集茶文化传播、展示推广为一体的综合性茶企，也是湖南省第一家规模最大的集红、黑茶加工的国有企业和国家重点边销茶定点生产企业，有着上百年的茶叶加工经营历史，更是安化 "茶文化的浓缩" "茶叶历史的见证"。湖南中茶生产 "中茶" 牌和 "中茶·黑茶园" 安化黑茶及边销茶，"中茶" 牌商标 2012 年被国家市场监督管理总局评为 "中国驰名商标"。2013 年湖南中茶实现年产值近亿元，产品远销西北边疆、广州、天津等地区，并出口到马来西亚等东盟国家。2017 年，湖南中茶实现营业额 17133.20 万元，利润总额 1358.50 万元，税金 808.40 万元，就业人数 176 人。

近年来，湖南中茶逐步由传统加工业、零售业向一、二、三产业融合转型，综合长沙出口运营中心和安化黑茶综合产业园资源，以 "互联网＋" 为

工具，打造集茶叶加工中心、茶叶科研中心、茶叶产品推广培训中心、黑茶博物馆和黑茶旅游中心四个功能为一体的茶旅一体化展示交易平台。

2. 项目建设完成内容

本项目总投资 8867 万元，建设完成长望浏宁地区 25 家茶叶出口产品展示交易中心和终端网点，研制外贸流通标准化体系，防伪码和防伪云技术、"中茶源"等茶叶溯源监控体系建设，茶叶出口运营中心等茶叶全产业链建设体系，5 家境外网点建设，23 场品牌推广及外贸市场开拓活动，跨境 O2O 电子商务平台建设。主要建设内容包括以下几个方面。

（1）茶叶出口产品展示交易中心：25 家茶叶终端网点。

（2）外贸流通标准化体系研制：茶叶外贸标准研制、茶叶冷库、茶叶冷链体系建设。

（3）茶叶溯源监控体系建设：茶叶溯源体系、茶叶标准化价值体系。

（4）茶叶全产业链建设：茶叶出口运营中心（建筑面积 1228 平方米）。

（5）茶叶境外营销网络建设：湖南中茶 5 家境外营销网络建设品牌推广及外贸市场开拓；跨境 O2O 电子商务平台建设。

3. 项目的主要成效

1）良好的示范性，带动茶企出口转型

首创跨境电商电子商务平台，利用"互联网＋"技术，采用 O2O 模式，立足现有九大电商平台和自有中英文官网，与多家境外营销网点联动，实现线上支付，线下体验消费、发货，打造可展示、可支付的跨境 O2O 电子商务平台，实现传统出口茶企向跨境电商新模式茶企转型。同时，协同中粮集团现有境内外相关优势进出口渠道和资源，打造集跨境体验、虚拟博物馆、文化推广、农产品出口公共服务平台、"茶＋旅游"等为一体的跨境综合展示体验中心和茶叶出口服务平台。建立行业标准化体系，为茶商、茶企提供产业动向。

2）精准扶贫，促进农业经济可持续发展

2013 年至今，湖南中茶与湖南茶科所合作在长沙县等地区扶持建立了 2000 多亩有机茶出口生产基地，致力于低农残、无公害有机茶研究，项目带动 8000 余户茶农平均每亩增产增收 3 万元，年度增产增收达 6000 万元；项目与大湘西产业联盟积极对接，在湖南省委省政府的高度重视下，投入资金 500 万元，实现茶叶生产、加工、出口销售、休闲旅游等一体化融合发展，从而带动了湖南茶叶出口创汇。

3）创新营销模式，打造跨境电商贸易平台

湖南中茶立足打造茶叶出口核心竞争力，加强茶叶产品创新，先后与中粮营养健康研究院和香港科研机构合作，依托中粮营养健康研究院强大科技力量，以科技茶为核心，突破茶叶散茶发花等茶叶技术难关，从百年木仓中分离得到一株生长强、耐高温的茯砖茶生产菌株。首创"中茶源"标准化价值体系，从"产区监测、原料分级、时令采制、工艺考究、木仓升华"几大环节，定性定量，步步追踪。此外，创新借助"互联网＋"，以体验式消费模式带动品牌境外推广，创新茶叶跨境电商模式，实现传统出口茶企向跨境电商模式转型。

4）公益推广，提升国际市场知名度

2015年，湖南中茶为加强品牌推广，创建了"中茶黑茶茶道联盟"公益组织，建立中华茶文化传承研究社会团队，弘扬中国茶文化。联盟集合了茶学界、茶业界、文化界、艺术界、媒体界领袖，共同组建了中华茶文化传承研究社会团队，通过音乐、影视、绘画、文字等多角度全面诠释茶叶的香气、滋味、汤色、品饮氛围，让消费者沉浸中国茶文化带来的视觉、听觉、嗅觉、触觉、味觉鲜活五官享受，通过茶文化传播带动茶叶出口贸易增长。

5）全产业链建设，从源头保证产品质量

湖南中茶不断创新产品生产工艺，首次引入医药行业生产标准，打造茶行业首个GMP（生产质量管理规范）标准的无菌生产车间，打造自动化、清洁化、智能化生产线。从"种植—采收—加工—包装—宣传—销售"的产业链进行全程信息监控，利用二维码和云技术，进行茶叶溯源体系建设，打造了茶叶"质量安全可追溯系统"，实现终端产品原料可追溯、加工信息可追溯、厂家信息可追溯，严格把控产品品质。通过在茶叶上贴上特制的二维码，并标记茶叶产品溯源信息，消费者在购买茶叶时，只要用手机对准这个二维码扫描，就能立即了解茶叶的详细"体检报告"，即从茶叶"家庭背景"到"成长历程"的全套"档案"，构建从"种植—采收—加工—包装—宣传—销售"的产业链条，实现"从茶园到茶杯"的标准化、规模化、产业化为一体的基地、企业、产品、品牌发展体系，实现产业的全程溯源监控。

4. 项目的主要经验

1）强化科技投入，提高科技含量

企业要生存和发展就要不断地产生新技术，开发新产品，以满足顾客不断变化的需求。目前，肥胖、"三高"等亚健康疾病成为全球关注的一个焦点，如何利用茶叶特别是黑茶特有的保健功能是茶叶深加工发展的一个方向，出口茶叶企业应重视技术研究与开发，重视汲取和获得相关的新技术和技能，改进或创新技术核心体系，完成新的核心竞争力的整合。

2）打造全产业链，强化品牌建设

湖南中茶秉承"全产业链"建设宗旨，研发制定了茶园基地建设标准，重点建设符合中粮标准及出口标准的茶叶战略基地，以满足品牌黑茶海外出口的检测要求及销售需求。由此看来，打造全产业链至关重要，对"种植—采收—加工—包装—宣传—销售"的产业链进行全程信息监控，打造了茶叶"质量安全可追溯系统"，这为加强品牌建设提供了质量保障。在目前的消费市场中，要使茶叶能畅销，以及让消费者满意，应从打造全产业链入手，并在建设过程中强化品牌建设。

3）挖掘中国茶文化，营造消费氛围

茶叶的档次对西方国家大部分消费者来说，就好比面包的档次，这主要是因为我国茶文化的价值没有被西方国家消费者认知。湖南中茶立足于国际市场，站在国际市场的角度，以全球的视野，客观分析我国茶产业的生产规模、价格水平、产品结构、技术标准和供求关系等情况，以充分突出中国茶文化的历史和价值，从而改变茶叶在西方国家消费者心里的档次感，使看起来属于原料型初级产品的茶叶面貌得以转变，提高其文化附加值以促进其出口。

5.5.4 "湘品入俄，俄品入湘"，"一带一路"倡议的践行者——金洲茶叶加工贸易升级与国际营销体系建设项目

湖南金洲茶叶有限公司是一家集茶叶种植收购、生产加工、茶产品研发、国内外销售于一体的省级农业产业化重点龙头企业。公司主营"金洲茶叶—神农 shennun"自主国际品牌小包装外销茶和原箱出口大宗散茶，兼营湖南特色农产品对俄贸易。公司战略目标是五年内将"金洲茶叶—神农 shennun"做成有影响力的国际知名品牌；茶叶年出口创汇达到 33500 万元，农产品年出口创汇达到 6700 万元。

湖南金洲茶叶有限公司（以下简称"金洲茶叶"）在长沙商务局的支持指导下实施长沙现代服务业综合试点之茶叶加工贸易升级与国际营销体系建设项目，本项目侧重在境外营销网络建设和茶叶出口转型升级进行投入和建设。

1. 项目主要建设内容

1）境外营销网络建设

（1）完成国际营销平台办公室、宿舍、仓库、商铺的装修改造，共计 2416 平方米。完成办公室 203 平方米、仓库 2000 平方米、宿舍 160 平方米、商铺 53 平方米的装修改造和软件硬件配套，并将其全面投入使用。办公室简洁明亮，仓库恒温干燥，宿舍温馨舒适，为营销平台的建设提供一个良好稳定的基础环境，给境内外员工和俄罗斯合作伙伴树立了信心。

（2）完成 3 个茶叶专卖店和 1 个茶艺中心建设。建成 3 个茶叶专卖店，位于莫斯科格林伍德国贸中心、莫斯科红城区农贸大市场、瓦罗尼日市大卖场；建成 1 个国际茶艺体验中心，位于宁乡嘉诚首府。通过茶叶专卖店展示企业实力和品牌形象，通过茶艺中心传播中国茶文化，在客流量集中的区域建设专卖店，提高产品知名度和消费者体验指数。茶艺体验中心的建设为国际客商了解中国茶文化、加深合作忠诚度提供了优越的平台。

（3）完成 1282 个连锁超市销售网点建设。通过 3 年的不懈努力，与俄罗斯一流的大型连锁超市和二线的中小型连锁超市建立了合作，产品上架 1282 个销售网点。由于"金洲茶叶 shennun 神农"自主品牌茶叶包装新颖，是中国风和国际范的完美结合，品质上乘且稳定，产品上架后动销速度较快，销量逐月上升。超市网点开辟一个、稳定一个，未来还将持续增加更多的终端网点。

与俄罗斯铁路总公司等大客户进行了品牌合作。茶叶和罐头已上线 285 条铁路干线，给俄罗斯的旅客们带来了长沙的农产品；与俄罗斯采购联盟合作，供货给俄罗斯大型的企事业单位，提高产品美誉度。

加强营销渠道下沉的建设。在俄罗斯 16 个 100 万人口以上城市和 4 个周边国家（白俄罗斯、哈萨克斯坦、吉尔吉斯斯坦、乌兹别克斯坦）设立了代理商，渠道结构基本形成，未来还将进行渠道下沉的建设，覆盖俄罗斯更基层的中小城市和农村。

（4）完成 4 个电子商务平台的建设和应用。

项目建成包括湘品入俄网上商城（www. xipu－super. ru）、俄品入湘网上商城（www. xipushiye. com）、中英俄官网（www. kingtea888. com）、阿里巴巴出口通（kingtea. en. alibaba. com）在内的四个电子商务平台，通过线上与线下有机结合，打造立体的境外营销网络。线上推广不断促进线下的销售，在人口密集的莫斯科和圣彼得堡，线上业务增长迅速，同时由于线下网点的不断增加，使消费者对产品产生信赖，也促进了线上的销售。

2）国际品牌建设

（1）完成"金洲茶叶 shennun 神农"商标在俄罗斯的注册。

2013 年 5 月，"金洲茶叶 shennun 神农"国际商标在俄罗斯申请注册，2014 年 8 月 14 日取得商标注册证，注册号 520533，是目前俄罗斯境内唯一的湖南农产品自主知识产权商标。随着品牌的推广和产品网点的增加，越来越多的消费者认可并喜爱"金洲茶叶 shennun 神农"品牌系列的产品。品牌价值初步彰显，产品价格在俄罗斯市场处于中上水平。

（2）完成"金洲茶叶 shennun 神农"商标在 42 个国家和地区的注册。针对世界主要茶叶消费国，注册国际商标，先行知识产权保护。以俄罗斯运营自主国际品牌的经验，复制和推广到其他国家和地区，逐渐把"金洲茶叶 shennun 神农"培育成真正的国际知名品牌。

（3）完成 60 款茶叶产品包装设计。为打造竞争力强的品牌产品，金洲茶叶历时三年潜心研究俄罗斯及东欧国家主流茶叶的产品特性，并结合中国茶叶的优势，在外形、口感、汤色、叶底、内含物等方面进行不断拼配试制。为迎合当地消费者的审美习惯并凸显中国传统茶文化的特色，金洲茶叶花重金与俄罗斯一流的品牌设计公司合作，进行产品包装设计和策划推广。陆续推出了绿茶、红茶、乌龙、普洱等，采用纸盒、纸筒、PP（聚丙烯）袋、简装礼盒、三角透明袋泡和传统袋泡等不同包装形式的"金洲茶叶 shennun 神农"系列产品。

（4）进行品牌策划与推广。于 2013—2017 年共参加 9 次莫斯科国际食品展，2014 年乌克兰和哈萨克斯坦国际食品展各 1 次，2015 年波兰、阿尔及利亚国际食品展各 1 次，俄罗斯境内各大城市如圣彼得堡、叶卡、喀山等参展 22 次。通过推广与参展，加深了合作伙伴的印象和信赖，展示了企业和品牌形象，宣传了品牌文化，获得了更多的市场订单。

3）茶叶冷链物流设施改造

完成常温库 500 平方米改造，完成 24 平方米容量为 166 立方米的冷藏库改造，配套了先进的物流设备。提高产品保质期和保鲜度，提高产品流通效率。利用湘欧快线，从长沙工厂到莫斯科海外仓，全程提速至 18 天，极大地缩短了物流时间。

4）茶叶出口转型升级建设

完成新建精加工车间 2525 平方米，改建小包装车间 1938 平方米；新购置小包装生产线 2 条 92 台套设备。车间环境实现清洁化，生产实现自动化，高标准地符合了出口茶叶场地要求，升级了生产工艺，提高了产量，提升了技术水平和产品品质，适应了自主品牌茶叶转型生产的要求，为产品注入了强劲的市场竞争力。

2. 项目特色和亮点

1）"一带一路"示范项目

项目践行国家"一带一路"倡议，创新经营走出去，扎根于俄罗斯，踏实专注地搭平台、建网络、创品牌，通过几年的经营，已经打下了多层次的市场基础，并开创"湘品入俄""俄品入湘"双向跨境电商线上平台，结合线下国际营销网点，在自身茶叶出口外贸迅速增长的同时，带动农产品、轻工产品进出口，是长沙实施"一带一路"的示范项目。

2）自主国际品牌重点培育项目

"金洲茶叶 shennun 神农"自主国际品牌产品代表长沙乃至中国农产品成功上架了俄罗斯 1282 个一线的大型连锁超市和俄罗斯 285 条铁路干线，后续仍将不断增加终端网点，与其他成熟的国际知名品牌竞争，抢占提升市场份额；与俄罗斯采购联盟合作，将品牌产品销售给俄罗斯大型的企事业单位，是本次试点的重要业绩。品牌已与莫斯科地铁集团签订合作协议，即将在莫斯科 100 个地铁站点开设"金洲茶叶 shennun 神农"茶叶品牌专卖店，届时，金洲茶叶将遍布至莫斯科城市的各大角落，同时也开创了长沙农产品自主国际品牌境外市场布局的先河，是本次试点项目浓墨重彩的一笔，是长沙农产品外贸转型升级自主国际品牌培育的里程碑。

3）五性效果充分彰显项目

项目在示范性、公益性、带动性、创新性、安全性方面的效益得到充分体现和落实，项目的经济和社会效益较为可观，得到了各级境内媒体和俄罗斯、白俄罗斯等境外媒体的正面评价和报道，试点效果成绩突出。

4）建设扎实超任务达标项目

项目按规划超额完成各项建设任务和指标，项目建设扎实规范，实物可查，数据可依。为后期推动长沙现代服务业发展和企业实现外贸业绩连年倍增打下了坚实的基础。

3. 项目效益分析

1）项目在行业中的影响情况

金洲茶叶作为首家目前也是唯一一家在俄罗斯设立销售分公司，带领团队扎根在俄罗斯并从事自主品牌运营的茶叶企业，成了茶叶届的榜样。湖南省出口茶叶工作会议多次表扬金洲茶叶的创新精神和坚持精神，号召全省茶叶企业改变外贸思路，学习金洲茶叶直接走出去、切入国际市场终端的经营战略。

"金洲茶叶 shennun 神农"品牌作为为数不多的茶叶出口品牌，坚持 5 年，已在俄罗斯修好渠道、布好网络、建好终端、积好人气，未来发展空间巨大，成为湖南省商务厅重点培育的农产品国际知名品牌之一。由于湖南茶叶长期以来以出口原料为主，出口单价位居全国倒数。金洲茶叶作为品牌茶叶出口的后起之秀，出口单价全省排名第一。本项目注重境外营销网络和国际品牌建设，现已取得了显著的效果，将对湖南茶叶企业走出去创建国际品牌起到良好的带头和示范作用。

2）项目的销售、收入和税收情况

2016 年完成茶叶加工 6000 吨，销售额 20351 万元，增长 2022 万元，利润总额 1851 万元，增长 768 万元，税金 491.43 万元。投资利润率为 50.77%，投资利税率为 64.25%，内部收益率为 12.66%。经济效益较好。2016 年进出口总额实现 1126 万元，同比增幅 104%；2017 年，实现营业额 21416.88 万元，利润 2115.36 万元，税收 574.19 万元，拥有员工 86 人。

3）项目对促进就业和创业的情况

本项目解决就业 45 人，带动外贸创业企业 12 家，并组织茶农向种植专业大户学习。项目实施过程中，孕育了"湘品入俄"国际经贸平台，成立了湖南习普实业有限公司，并带动了多家农产品和轻工产品企业增加外贸规划，取得出口备案，实现出口破零。通过举办俄罗斯采购对接会和湖南农产品俄罗斯轻工产品推介会，提高了湖南企业对俄罗斯市场的认识和信心，加深了俄罗斯客商对湘品的了解和认可，大大促进了湘品入俄的步伐。

4. 下一步发展规划

1）自主品牌茶叶大单品战略

在产品研发、工艺升级、市场渠道、终端网点、大客户集群、电子商务、人才团队等方面加大投入，将"金洲茶叶 shennun 神农"品牌茶叶做深做透。

2）湘品入俄国际经贸平台

该平台于 2016 年 9 月开始运营，专注经营中国特别是湖南农产品和轻工产品进驻俄罗斯市场，是"湘品出海"工程的重要组成部分。下一步将在现有的基础上，进行几大方面的建设：①加大跨境网上商城投入，增加 30～50

个上线产品；②加大市场投入，打造覆盖俄罗斯全境和周边四个国家的境外营销网络；③扩大产业联盟范围，增加服务 20～40 家中小企业，并帮助 10 家企业取得出口资格，实现出口破零；④加强经贸交流，组织俄罗斯采购团每年访问中国 2 次，有针对性地推介湖南产品；⑤组织一切资源实现出口外贸，3 年达到 33500 万元。

3）俄品入湘国际经贸平台

此平台刚刚起步，以市场需求为核心规划重点工作：①进行科学周密的市场调查，选中 3～5 个湖南市场需求量大、俄罗斯原产地有优势的进口产品；②丰富和完善"俄品入湘"微商城建设；③搭建境内销售渠道、网络、客户集群；④加强经贸交流，组织湖南采购团每年访问俄罗斯 2 次，有针对性地推介俄罗斯产品；⑤组织一切资源实现进口销售，3 年达到 20100 万元。

4）莫斯科产业园

①拟投资 3000 万元，在莫斯科建设两条高标准茶叶生产线和 15000 平方米的生产车间和 2000 平方米的配套仓储。②大幅度减少贸易成本。根据俄罗斯现行法律，原材料产品进口为零关税；加工成品进口的关税约 15%。以茶叶为例，未包装的视为原材料进口，关税为零；经过包装的视为成品，关税 15%。同时，物流成本将大幅降低，如一个标准集装箱可装散茶约 22.5 吨，而装载包装茶仅 3.5 吨，可提高物流效率近 6.5 倍。在俄兴建生产线，将显著提升湖南省内茶叶产业竞争力。③莫斯科产业园将打造包括境外营销网络、跨境电商平台、国际物流供应链平台、法律法规平台在内的综合性境外园区平台，将在国际经贸服务培训、产品贸易代理、贸易金融支持、股权投资合作等方面与茶企共同发展。④莫斯科产业园让湖南茶企以最小的成本进入国际市场，让优质企业在最短的时间内迅速布局俄罗斯市场，为企业进入国际市场提供强大的后盾，真正实现抱团出海，互利共赢，让更多茶企沿着开辟的入俄高速通道，坚定"走出去"的信心，占领海外市场，快速实现企业做大做强的目标。

5.5.5 着力杂交水稻技术全球推广，打造种子国际化体系建设——隆平高科杂交水稻种子产业国际化体系建设项目

在长沙商务局的大力支持下，袁隆平农业高科技股份有限公司（以下简称隆平高科）启动了杂交水稻种子产业国际化体系建设项目，在国际研发体系、国际产品质量体系、国际营销与服务体系以及国际化人才体系建设等四

个方面投入资金，有效整合了海外市场各项资源，拉动杂交水稻种子出口稳步增长。

1. 项目建设完成内容

1) 国际研发体系建设

为了从技术上支持国际研发体系建设，公司在海南成立了热带以及亚热带杂交水稻育种站（育种基地）。由于海南气候与世界上主要水稻种植地区东南亚的气候十分相似，公司利用海南这些气候条件，开展自主创新研发，然后把这些研发的技术成果辐射到在国外建成的国际研发体系中去。所以，在海南建设国际热带以及亚热带杂交水稻育种基地和开展的相应研发工作，成为了隆平高科国际研发体系建设的重要组成部分之一。

到目前为止，隆平高科在菲律宾、印度注册成立了独资研发中心（子公司），开展杂交水稻品种测试以及自主创新研发工作。一方面，通过建立的研发中心，从国内引进高产优质杂交水稻品种到这些国家开展多点生态测试工作，并从中筛选出符合当地消费习惯的高产优质杂交水稻品种；另一方面，通过建立的研发中心，收集当地以及国际上的水稻资源，开展自主创新培育工作，通过亲本改良以及测交、回交等科研手段，培育适合当地的高产优质杂交水稻新品种新组合。在巴基斯坦，在合作伙伴的支持下，采取租赁土地、试验设备的方式，开展杂交水稻品种生态测试以及自主创新育种工作。目前正在着手注册成立巴基斯坦研发中心。这些工作取得了令人满意的效果，筛选出适应当地且产量高于当地对照30%以上的杂交水稻品种多个，其中19个在巴基斯坦和菲律宾等国分别审定或者登记，它们分别是巴基斯坦市场的GUARD-53, GUARD-50, GUARD403, GUARD402, LP-18, LP-2, LP-3 7个杂交水稻品种，菲律宾市场的LP106, LP2096, LP205和LP357 4个杂交水稻品种，印度尼西亚市场的Lpht3, Lpht6, Lpht8 3个杂交水稻品种以及孟加拉市场LP50, LP70, LP108, LP106HE, LP05 5个杂交水稻品种。在孟加拉，隆平高科也开展相似的国际研发工作，在未来两年将有一至多个杂交水稻品种通过孟加拉政府审定或者登记。隆平高科通过在美国设立的公司，支持国际研发开展和国际体系的建设。所有这些工作的开展，为隆平高科杂交水稻种子产业国际化奠定了坚实基础。以国内海南育种站（基地）为技术依托，在印度、菲律宾建立了独立的杂交水稻研发中心，在印度尼西亚、东帝汶、美国等建立了集研发和营销于一体的法人公司，这样隆平高科在世界上主要的水稻种植国建立了一个相互联动的杂交水稻国际研发体系，为隆平高科杂交水稻种子产业国际化奠定了坚实的基础。

2）国际产品与质量体系建设

在国际研发体系建设的基础上，在菲律宾、印度和巴基斯坦等多个国家设立了初步的产品质量检验体系或者中心，可以对杂交水稻品种的适应性、产量、米质以及杂交水稻种子质量等进行初步的技术检测，保证了研发持续性以及市场的稳定性。为确保出口种子的质量，在国内建设出口型杂交水稻种子检测实验室，对每一批出口的种子按规程进行严格检测，只有通过检测，达到或者超过了出口质量标准的种子才可以正式办理出口手续。通过质量体系建设，种子纯度、种子发芽率、水分、净度等方面达到并超过了质量标准，提高了出口安全度，保证了杂交水稻品种在国际市场的适应性。

3）国际营销与服务体系建设

隆平高科在公司内部建立一支技术实力强、年富力强的国际营销与服务团队，即隆平高科国际业务部，这支营销与服务团队覆盖了巴基斯坦、菲律宾以及印度等多个国家的国际市场，开展国际业务，包括市场调研、协助营销、技术指导、技术培训等一系列工作，并在这些国家组建了本地化的营销与服务团队。巴基斯坦营销与服务体系建设比较成熟，由于合作方的大力配合和支持，极大提高了隆平高科的品牌与形象，促进了公司杂交水稻在巴基斯坦的销售与种植，使得每年杂交水稻种子销售保持在 2000 吨以上，杂交水稻种子市场份额在巴基斯坦保持第一，达到 40％ 左右。2016 年以来，公司加大了在菲律宾的营销与服务体系建立，成立了营销公司。在菲律宾，多年的研发成果以及公司援外项目的影响，为营销奠定了坚实基础，2016 年通过各种营销和服务手段，加大种子出口离地到菲律宾。由于印度研发公司成立不久，相对于巴基斯坦和菲律宾来说，营销与服务体系建设比较滞后。公司在印度尼西亚、东帝汶等国家建立从事杂交水稻种子生产与营销公司，开展国际营销与服务体系的建设。公司在美国成立全资子公司，并通过这家公司引领北美、非洲以及亚洲的杂交水稻和玉米市场。通过项目有效开展，公司杂交水稻全球市场布局初步形成，为隆平高科在未来走向世界奠定了坚实的基础。

到目前为止，隆平高科在世界上主要的水稻种植国家，包括印度尼西亚、美国、菲律宾、东帝汶等投资成立营销与服务公司，在巴基斯坦、孟加拉等国家通过与合作伙伴合作的形式，开展杂交水稻种子产业的营销与服务业务，初步建成了一个以湖南长沙为本部，遍布水稻主要种植国的完善的杂交水种子产业国际营销与服务体系，为隆平高科杂交水稻种子产业的国际化奠定了坚实的基础。

4）国际化人才体系建设

隆平高科国际化人才体系建设包括国际化人才培训体系和人才招聘录用体系两个方面。隆平高科在国内每年举办不同类型的杂交水稻技术培训，包括杂交水稻育种技术培训、杂交水稻制种技术培训以及杂交水稻高产栽培技术培训等，招收来自亚洲、非洲、拉丁美洲等地区不同国家的学员，包括巴基斯坦、印度和菲律宾等国家，培训专业人才，到目前为已经培训了数以千计的杂交水稻专业人才。与此同时，公司派技术专家驻巴基斯坦、印度和菲律宾等国家，在当地开展杂交水稻高产栽培、杂交水稻制种等技术培训，培训大量的专业化实用性人才，为公司在海外招聘人才奠定了坚实的基础。在此基础上，隆平高科通过面试、试用、录用等招聘程序，从国际水稻研究所引进 2 位国际化人才，从印度引进了 6 位国际化人才，从巴基斯坦引进了 10位国际化人才，公司还将根据业务的不断拓展，招聘更多的国际化人才。

2. 项目实施取得的成绩

2017 年，隆平高科围绕"世界优秀的种业公司，致力于为客户提供综合农业服务解决方案"的战略定位，通过"种业运营 + 农业服务、国内市场 + 国际市场"四轮驱动，"内生发展 + 外延并购"双动力增长，实现全方位快速发展，跻身世界种业前九强。2017 年，公司累计实现营业收入 31.90 亿元，同比增长 38.73%；实现利润总额 9.48 亿元，同比增长 87.41%；公司资产总额达到 129.77 亿元，同比增长 63.38%。公司的经营业绩创造历史新高，在国内全行业遥遥领先。

2017 年，公司继续保持对研发的高投入，科研成果再创新高。公司共计有 61 个水稻新品种通过国家审定，占当期通过国家审定水稻新品种总数的34.3%，同比增长 238.9%；43 个水稻新品种通过省级审定。11 个玉米新品种通过国家审定，占当期通过国家审定玉米新品种总数的 6.38%，同比增长450%；在菲律宾有 1 个水稻品种通过国家审定，在印度有 1 个水稻品种完成商业化生产准备。科研创新已经成为支撑公司全面领先的核心竞争力。

2017 年，公司以产业战略为导向，加快推进对外投资并购，进一步助推公司成为优秀的国际化种业公司。国际方面，公司通过参与投资陶氏益农在巴西的特定玉米种子业务，拓展了在美洲等全球重要种业市场，获得了国际先进、成体系的育种研发资源与经验，也为加快国内玉米种业升级，进一步强化公司的境内主营业务增添了又一项战略性优势。

1）项目推动湖南"走出去、引进来"外向型经济发展战略

隆平高科作为全国最大的杂交水稻种子供应基地，是国家农业产业化重点龙头企业，也是第一家以世界级科学家"杂交水稻之父"袁隆平院士命名的种业上市公司，无论从深厚扎实的行业技术优势，从公司先天性的巨大品牌优势，还是从公司正在着手进行的国际化体系建设来看，公司的每一步国际化战略规划以及行动，不只是自身应对国际化竞争的需要，也是服务湖南外向型经济发展战略的需要。本项目着力于在全球推广世界领先的杂交水稻技术，打造杂交水稻种子国际化体系建设，极大推动了湖南省现代农业走出国门，极大推动了湖南省"引进来、走出去"外向型经济发展的战略。

2）项目的开展成为国家"一带一路"倡议助推剂

国家"一带一路"倡议提出以来，中国与沿线国家的互联互通进程加快，为企业走出去提供了便利，越来越多的企业开始逐渐关注国外市场、进驻海外市场、拓宽国际市场。隆平高科也不例外，对国际市场尤其是海上丝绸之路沿线海外市场的开拓，积极投入并积累了丰富的经验。公司依托长沙现代服务业综合试点项目的实施，目前在菲律宾、印度和巴基斯坦等国已建成国际研发体系、国际产品与质量体系、国际营销与服务体系、国际化人才体系这四大体系，同时通过在这几个国家的深耕，联动印度尼西亚、孟加拉、东帝汶等市场，主动作为，抢抓"一带一路"倡议机遇，助推国家"一带一路"倡议实施。

3. 项目的特色——巴基斯坦模式

此模式即国际市场开拓的巴基斯坦模式。通过多年同巴基斯坦合作伙伴巴基斯坦嘎德农业研究公司（以下简称嘎德公司）合作以及在巴基斯坦进行积极有效的市场开拓，隆平高科杂交水稻种子得到巴基斯坦市场的完全认同，市场份额也逐年提高。为了更好地提供优质服务，确保市场开拓可持续性，以及提升公司在巴基斯坦市场上的竞争力，隆平高科深化同嘎德公司的合作。

1）建立全方位合作模式

隆平高科与嘎德公司在巴基斯坦的合作包括销售、研发、生产、质量体系、人才体系等。

2）建立"间接投资"模式

由于双方合作前期嘎德公司的资金投入不稳定，为了稳定当地市场，

隆平高科从每年出口到巴基斯坦种子的利润中让出适当部分利润，与嘎德公司共同在研发、营销和服务以及质量体系建设方面进行投入。近几年来公司通过这种间接投资方式，让利近2400万元，投入近2000万元，用于购置办公设备、生产加工设备、实验仪器，进行市场营销，举办技术培训等，一步步在巴基斯坦市场站稳脚跟。

4. 项目的经验总结

1）品牌影响力的助推作用

隆平高科是一家以世界级科学家"袁隆平"院士命名的上市种业公司，是目前中国种业信用明星企业排名第一的现代种业集团，在农业农村部认定的中国种业骨干企业中排名首位，公司历经13年的发展，在国内种业行业中，无论是质量还是服务都积累了良好的口碑，并不断丰富自身的品牌内涵，公司在行业具有的品牌影响力对项目顺利实施具有极大的助推作用。

2）公司强大科研实力的支撑作用

公司以杂交水稻、杂交玉米、杂交蔬菜种业为核心业务，拥有完整的科研、生产、加工、销售和服务体系，是我国首批"育繁推一体化"种业企业之一，公司以高于国际一般标准进行种子生产加工，以确保种子质量，在海外市场研发出多个适应当地生产的品种，并通过国家审定，这都依赖于公司的强大科研实力。

3）引进优秀国际人才的促进作用

该项目建立的国际化人才体系对项目发展具有双向促进作用，随着该项目的实施，不仅在海外实地举办人才培训，而且在中国国内开展培训，从许多发展中国家招生学员，对杂交水稻技术开展培训，为国际化人才开发与利用奠定坚实基础，同时又进一步促进了项目建设。目前，隆平高科在巴基斯坦和印度共引进16位国际化人才进入研发、销售团队，同时国内培养了一批常驻当地的研发与营销团队。优秀的国际人才的引进对项目完满完成以及今后的可持续发展，起到了巨大的促进作用。

5.5.6　一流检验检测平台，为农产品安全保驾护航——湖南汉方生物科技有限公司农产品进出口检验检测中心建设项目

1. 公司基本情况

湖南汉方生物科技有限公司是由浏阳经开区管委会投资的国有全资平台公司，承担了国内外农副产品、保健食品、药品、药包材等的外包委托研发

和检验检测服务。公司于 2012 年 9 月获得对外贸易经营者备案登记，2013 年经湖南省商务厅认定为湖南省外贸公共服务平台，下辖 2 个子公司［湖南普瑞玛新药实验科技有限公司、泰和永昌（长沙）生物技术有限公司］和 3 个服务平台（湖南省实验动物中心、湖南省药物安全评价研究中心、长沙国家生物产业基地创业服务中心）。项目总占地面 100 亩，现有检验检测实验室 3 万余平方米。公司下辖的湖南省实验动物中心是湖南省首家也是唯一一家通过国家 GLP 认证的安全性评价机构，还获得了湖南省科技厅实验动物使用许可证和湖南省质监局实验室资质认定证书，同时也通过了湖南省食品检验检测机构认证。

2. 项目建设完成情况

2013 年，湖南汉方生物科技有限公司根据产业发展要求，整合公司现有资源，启动了食品、药品质量检验检测中心的建设，负责经开区及湘北区域主要农产品和药品的产地检测、市场检测，公司质量安全速测体系已形成基本框架。在此背景下，以长沙现代服务业综合试点为契机，2014 年 5 月，湖南汉方生物科技有限公司整合相关资源启动了进出口转型升级——农产品进出口检验检测中心建设，中心以服务湖南乃至中西部地区农产品进出口企业、提供开放的公共技术服务平台及符合国家要求的检验检测报告为目的，为湖南乃至全国的农产品企业提供公共支撑。目前，农产品进出口检验检测中心已经建成了湖南领先、国内一流的检验检测机构，项目新增建筑面积 11200 平方米，包括 7015 平方米检验检测实验室和 4020 平方米的实验动物设施，配备农产品研发和检验检测设备 383 台（套），总价值约 5000 万元。现有专职技术人员 115 名，其中博士 5 人，硕士 35 人。

3. 项目建设的特色

一是平台实验条件和检验检测设备水平湖南省领先，国内一流。中心总占地面积 100 亩，总建筑面积 3 万平方米，已完成投资近 1.8 亿元，中心建有中西部最大的和实验动物品系使用最多的实验动物设施，并在湖南省率先建立了符合国际 AAALAC（国际实验动物评估和认可委员会）标准的动物实验设施。此外，中心还添置了一大批检验检测设备，拥有 1000 余台（套）先进仪器设备。中心目前拥有湖南省唯一用于检验检测仪器和核磁共振检测仪器、在国内首创用于动物行为学的检测装置，目前国内最先进的 API5500 液质联用仪（380 万元），实验室无论从建设规模和设施配置上，都达到了国内一流并在国际上具有相当影响力。

　　二是湖南省同类机构中检测资质最多的单位，服务能力和服务项目突出。服务能力和服务项目基本能满足80%以上湖南省农产品进出口检验检测要求。目前，平台已经获批的检验检测资质有7项（其中国家级2项，省级5项）。平台获批为湖南省食品检验检测机构认证，通过了湖南省实验室资质认定，此外，中心还被获批为国家保健食品注册检验检测机构认证，获得认证参数559项。中心已经搭建了非常完善的检验检测公共服务体系，检验项目、检验人才配备基本能满足湖南省内大多数农产品企业检验检测需求。

　　三是在湖南省率先建成了第三方农产品转基因检测中心，能独立开展农产品的安全性评价和功效检测。公司依托中科院百人计划专家、休斯敦大学国际知名的基因合成检测专家等技术力量，配备了引物自动合成仪、基因自动测序仪，初步建立了面向市场的农产品转基因检验检测实验室，填补了省内空白。此外，公司依托在实验动物方面的优势，建立了农产品安全性评价及保健食品功能检验检测实验室，该实验室已经通过了湖南省实验室资质认定及国家GLP（药物非临床研究质量管理规范）认证，能独立开展农产品的安全性评价和功效检测。

　　4. 项目取得的成效

　　一是整合资源搭建的公共服务平台直接大幅减少企业检验检测设备的重复投资。通过整合资源，建立一个第三方的对外开放的检验检测平台能有效减少重复投资。2016年，长沙工信委邀请了湖南卫视及20余家企业对平台进行了综合测评，根据长沙工信委数据，平台累计为企业减少研发直接投入30%以上。2017年，湖南汉方生物科技有限公司农产品进出口检验检测平台实现委托服务收入2200万元，利润424万元，税收43万元，平台现有正式员工120人。

　　二是满足湖南省内农产品和食品进出口企业检验检测要求，带动产品进出口规模扩大50%以上。平台能满足省内80%以上的农产品和食品进出口企业检验检测要求，推动进出口企业进出口明显增长，通过平台建设，累计带动项目建设地浏阳经开区企业新增新出口11537万元，推动长沙地区进出口企业实现进出口70933万元。累计带动12家企业进出口"脱零"，带动企业进出口同比增长超过50%。此外，自投入使用以来，已累计为近120家企业和科研机构提供新产品研发等技术委托服务460项，完成样品检验6800批次，为企业起草食品质量标准12个。

　　三是提供了一些具有代表性的服务相关的典型案例。中心开展了尔康制药淀粉胶囊的检验检测和应用。淀粉胶囊的问世及应用，将极大地制约明胶胶囊带来的病毒传播、重金属污染、防腐剂和抑菌剂严重超标等风险，并将给世界胶囊行业格局带来巨大变化。目前，该产品已通过食品注册批件，美国 FDA（食品药品监督管理局）注册和 DMF（药物主控档案）备案，获得了6 大国际认证，申请了 24 个国际专利，并已获得欧盟专利授权，尔康淀粉空囊获得全球唯一一张食品生产许可证。此外，中心还开展了转基因食品的检验检测及研究，完成了包括猪肉等肉类产品以及黄金大米等谷物产品的转基因检测，开展的猪肉产品可能存在 omega－3 脂肪酸去饱和酶、植酸酶及肌肉生长抑制素等转基因成分，前期试验共 10 余批次，不同的猪肉产品未检测到相关转基因成分，同时，对近年来在国内备受关注的黄金大米进行了相关的转基因成分检测。

四是提供了人才培训和交流平台及人员的培训指导。公司已经牵头组织农产品企业检验检测相关人员进行实验室之间比对、人员之间比对、仪器比对、盲样测试等。平台成为检验检测人才培训基地，共组织专业培训 5 期，参加人员 300 余人，接收实习和外单位进修 120 人次。同时，平台还是中南大学、湖南师范大学、湘潭大学的研究生培养实践基地。通过平台的建立，公司建立了有效的农产品人才培训和交流平台，推动检验检测人员检测能力和水平的提高。

6 发展启示与建议

6.1 发展启示

6.1.1 政府宏观管理是鲜活农产品流通体系顺利建立的前提和保证

当前，我国鲜活农产品流通领域出现了市场不能有效调配资源的现象，成本或利润价格的传达不确切，影响了个体经济市场决策机制，需要政府充分发挥职能作用，加大鲜活农产品流通公共服务的范围和力度。按照公共经济学的基础理论，当市场失灵时，需要政府通过制定和执行公共政策进行有效干预。鲜活农产品既不是垄断产品，也不具备外部性特征，其市场失灵主要是信息不对称以及公共产品提供不足等造成。不完全信息的情况下，会有逆向选择等问题，这些都不是纯粹的市场机制能够解决的，必须政府协同解决。

目前，在部分鲜活农产品领域，如蒜、姜、花椒等，由于大量资金投入市场进行货品囤积炒作，在一定时期或范围内垄断市场供应，市场短期出现供不应求、价格上涨，导致个体农户和消费者损失较大的问题需要政府通过强制手段予以解决。同时，由于个体农户视野较窄、信息滞后，部分鲜活农产品流通主体由于追求自身利益而不顾及整体发展，就需要政府作为鲜活农产品流通体系建设的宏观管理者和指导者，以保证建立完善高效的鲜活农产品流通体系。

6.1.2 政府是鲜活农产品流通体系基础设施的主要提供者

在鲜活农产品流通体系建设中，存在着公共物品政府提供不足的问题。鲜活农产品流通领域的基础设施可以由私人和政府来提供，但大多数的基础设施都需要较大的投入，并且回报率低。鲜活农产品流通体系建设和现代城市之间也存在一定的矛盾，如当前城市地价普遍较高，如果鲜活农产品市场等建设按照土地出让手续，高企的地价将导致此环节费用居高不下。如果政府通过行政手段强加干涉，必然会导致固定资产投入的回收遥遥无期，企业和其他组织、个人都不会投资。2013 年，商务部提出建立和完善农产品销售 SOS（预警救助）系统，这个系统需要各级政府，尤其是基层政府和大量社会中介组织等的参与。农业信息化建设方面，尤其要注重连接全国的规模以上农产品批发市场、农村合作社以及农业龙头企业，将数据库终端直接接到农民的市场信息系统，也需要政府牵头或直接参与。另外，其他大量的配套基础设施也需要政府来提供。

6.1.3 政府职能的有效发挥是推动鲜活农产品流通体系建设的重要条件

政府尤其是地方政府究竟在鲜活农产品流通体系建设中担当什么样的角色必须要界定好。我们认为政府调控的主要手段应该是通过制定和运用法律法规来调节。在个别领域，如蒜、姜等，由于一些人利用信息优势进行欺诈，损害正当的交易，直接导致了市场配置资源的功能失灵。此时，市场一般不能完全自行解决问题，为了保证市场的正常运转，政府需要制定一些法规来约束和制止欺诈行为，对于当前鲜活农产品流通各环节的违规收费行为，也要依法严厉查处。

强化政府行政手段作用。在调控初期或必要的时候，对部分鲜活农产品可以考虑在一定时期和范围内采取限价等行政手段，但要谨慎使用。可以适当采取直接价格干预，如某种鲜活农产品在一定时期内的价格上限或价格下限。但是，最佳的方式是干预影响鲜活农产品价格形成以及变化的因素，如通过政府存储机制控制某一时期市场上鲜活农产品供给量。同时，地方政府可以结合当地实际，出台具有很强针对性或时效性的行政法规，如季节性产品的特殊政策、当地特色鲜活农产品（如滨州沾化冬枣）的保护性和约束性政策等。并且要根据当地实际，提出哪些具体项目建设可以享受特殊鼓励政策，哪些项目因不符合实际或重复建设等受到政策限制。另外，可以采取政府补贴、补助、贴息等方式，加大对鲜活农产品运输、储藏、加工等方面的投资。

运用经济手段推进鲜活农产品流通市场体系建设。各地方政府可根据当地实际，出台具有较强针对性的鲜活农产品流通财税政策，也可以通过加大财政投资或财政补贴力度等方式，直接或间接参与基础设施建设。同时，政府应建立衔接农户和销售市场的鲜活农产品信息服务体系；对鲜活农产品市场减免租金、摊位费、管理费等；落实和完善"绿色通道"等。

同时，目前只有政府有能力实现鲜活农产品运输"绿色通道"的畅通。大量的鲜活农产品长时间、远距离运输有着先天的不足。我国运输网络日益完善和壮大，大大缩短了地区之间蔬菜流通的时间。而公路等基础设施建设都是政府投入或国有大型企业投资建设，收费权也实际掌握在各级政府手中，尽管国家有关部门早已开通了鲜活农产品运输"绿色通道"，免收普通公路通行费和高速公路通行费，但仍经常发生"绿色通道"不畅通的现象，在此领域政府有条件坚决落实。此外，对于流通环节的其他收费也完全可以采取行政手段予以减免。只有发挥政府作用，才能打造一个完善的农业信息服务平台。目前，政府应加大工作力度，真正解决蔬菜进城"最后一公里"和农村信息服务"最后一公里"难题。可利用商务部门的商务市场信息系统与农业部门的基层综合服务站、"12316"等农业服务信息化技术网络对接，并继续加大改造融合力度，真正建立并发挥好农业信息服务平台的作用。农村专业人才队伍和合作组织的培育需要政府发挥作用。鲜活农产品流通领域的"大市场"和"小农户"矛盾，根本原因是农村经纪人、农村专业合作组织发展落后造成的，迫切需要政府出台扶持鼓励农村经纪人、组建农村专业合作社的优惠政策，互通农村市场信息，并且下拨专项资金，购置电脑设备，提供活动培训场所等。必要时可以投资建设孵化器（园区），培育中介组织和龙头企业。

政府应加大菜农资金扶持力度，确保财政资金投入基础设施，也有必要设立风险调节资金，引导鲜活农产品生产，优化产品结构和生产布局，有效避免因季节性生产导致菜价大起大落。

6.1.4 政府推动鲜活农产品流通体系建设的具体宏观和微观调控政策

有时政府干预经济也会存在失灵的可能性，因此，公共政策的制定和执行要抓住问题的关键和重点，要注意适度，避免干预不足或者干预过程中的角色错位等。要针对特定的问题，分析存在市场失灵的主要原因，并将是否存在政府失灵的可能性作为一种约束条件，有针对性地使用好政策工具来进行干预。

宏观政策主要包括：促进鲜活农产品流通体系发展政策的制定；地方政府具体实施方案的制订以及规范性文件的颁发；鲜活农产品流通体系规划编制；其他针对较普遍问题出台的解决方案。微观政策主要包括：各项具体政策的组织实施；详细的农贸市场建设规划以及农贸市场软硬件建设的投入；鲜活农产品流通市场应急储备机制的建立和实施；中介组织的培育和规范管理等。制定微观政策，要认真研究当地鲜活农产品的产销特点，当地经济发展水平，百姓消费习惯等，确定好政府直接干预的模式。在市场经济条件下，必须要处理好"市长"和市场的关系，重新定位政府在鲜活农产品流通体系建设中的角色。在工作中，应该充分发挥职能部门的作用，综合运用好行政、经济、法律等调控手段，并要结合当地实际，重点保护好本区域农民创收的当地特色鲜活农产品品牌，出台具有特别针对性的措施，打造专有、特色流通体系。同时，政府应该发挥作用，利用财政、税收等经济调控手段，大力鼓励企业和组织创新流通模式，大胆实践，在打造大的流通体系的同时，更重要的是建立起不同类型模式、最大限度满足不同受众需求的流通体系。政府在制定和执行政策时，也要充分考虑我国绝大多数鲜活农产品具有较强的季节性和地域性特征，如北方蔬菜以在北方销售为主，南方蔬菜以在南方销售为主。如在北方，除寿光地区已建立范围较大的覆盖销售网络外，其他蔬菜在运输成本、蔬菜保质期等因素影响下的销售半径均不超过250千米。从地方行政区域划分来看，以滨州市为例，蔬菜除自寿光批发之外，其他蔬菜销售范围为东营（以利津、垦利、广饶等县为主）、淄博（以高青、桓台等县为主）以及德州和济南个别县区。因此，地方政府要充分发挥职能作用，形成区域合作机制。地方政府可以根据各地实际，切实保护好地方特色品牌，对于容易受游资炒作的产地特色鲜活农产品，需要省级或更高级政府出台针对性的法规和约束性较强的政策，地方（以地级市政府为主）可以出台具体实施办法进行落实。

6.2 发展建议

推动鲜活农产品流通体系建设，需要各级政府认真贯彻落实国务院和上级政府意见，并结合当地实际，结合不同鲜活农产品所面临的市场环境，建立新型鲜活农产品流通体系。必须要明确政府职能，既不能缺位，更不能越位。必须着眼于发挥流通引导生产、促进消费、对接市场的综合功能和导向作用，立足于创新和优化鲜活农产品流通体系，强化规划引导，做强大型批发市场，完善供求信息网络，加强产销基础工作，落实配套政策措施，推进电子商务、直销直供等多种经营业态和流通方式的发展。

6.2.1 尽快整合理顺政府部门职能

1. 统筹职能部门的工作合力

按照当前国家推进大部门制改革的精神要求，在组建"大市场监管"的同时，整合明确好市场体系尤其是鲜活农产品流通体系建设各部门的职责，彻底改变当前各个职能部门"单兵作战"的不利局面。政府推动鲜活农产品流通体系建设，需要根据当前国家政府职能转变的要求，让市场主体发挥主导作用，对各政府职能部门要量化硬性指标和考评约束机制，切实把政府经济管理职能转到主要为市场主体服务和创造良好发展环境上来。同时，也要重点转变或缩减不必要的审批事项，减免鲜活农产品流通各环节的行政收费和行政处罚。最重要的是鲜活农产品流通体系基础设施项目建设，尤其是大型市场建设要落实优惠政策。可以全额减免城市基础设施建设配套费、人防易地建设费等地方政府的非税收入；对于其他影响较大的项目，可以"一事一议"并给予更大的优惠政策。可以地市一级政府为主，结合各地实际，出台各地的一级、二级批发市场，社区农贸市场各个环节的收费目录。对于可以减免的一定要彻底减免，也可以实行地方政府直接补助运营商等模式。可以探索建立跨越区域的政府协调议事机构。各地方政府尤其是地级市政府，成立市长任组长，分管市长具体负责，各有关部门、县区负责人任成员的领导协调议事机构。每年初、季初召开专题会议，交流各地区重要鲜活农产品的生产种植情况，共同商议解决区域性的蔬菜等鲜活农产品滞销问题等。目前，最迫切的是明确新形势下"市长菜篮子"工程中政府各职能部门的具体职责。

2. 理顺各职能部门的职责

发挥好部门职能作用的前提是明确好部门分工，落实好部门责任，建立严格的绩效考评机制，形成强有力的工作推动力。目前，对鲜活农产品流通体系建设起到决定作用的是农业和商务两个部门，农业部门负责鲜活农产品种植环节的指导和调控作用，从长远来看，最重要的还是要增加生产，普及推广农业保险，落实各项生产资料补贴，切实提高农民生产的积极性，增加农民的生产能力，鼓励农业科技创新与应用，通过教育培训提高农产品种植人员的技术素质以及对把握分析市场的能力等。同时，农业部门应尽快启动鲜活农产品种植区域宏观调控的基础工作，以指导和引导生产为主，做好年度鲜活农产品生产指导性计划，分季度提出地方主导鲜活农产品的生产指导计划，对其他季节蔬菜、禽畜等安排初步指导意见，重点扶持规模化、标准化生态基地，突出抓好特色经济作物生产基地建设。结合正在推广的 "一村一品" 建设，在推进鲜活农产品品牌建设的同时，统筹本地产销关系，引导规范农民专业合作经济组织建设，并以此为主导形成品牌打开外地市场。配合商务部门做好村级农业综合服务体系建设，加强农业生产信息动态跟踪、收集汇总和分析预测等工作。

商务部门应该尽快转变职能，将单向工作尽快调整到系统体系建设上，并根据各地的实际情况，不断创新流通模式。不应该过度依赖直接渠道销售的模式。忽略了其他间接渠道的建设。直接渠道的建设有其独到的优势，但是，要想打造全国和区域性的农产品流通体系，实现农产品流通与大流通、大市场的发展相匹配，必须要充分发挥好间接渠道的作用。继续加大对 "农超对接" "农批对接" "农校对接" 等多种形式的直接渠道的引导和扶持力度，大力支持引导生产、流通、批发市场和其他企业、个人在城市社区建设、经营便民菜店，支持引导便民菜店实现连锁经营，减少流通环节，降低蔬菜销售成本，支持大型超市和大型批发企业在批发市场等地建设分拣、加工、配送中心。会同工商、城管、交通等部门，加强城市蔬菜早市管理，在蔬菜瓜果大量上市的特定时段，开辟城市销售专区，支持农民进城直接销售生鲜鲜活农产品。引导便民菜店、超市和蔬菜早市规范经营，充分发挥其在城市蔬菜供应中的补充作用。积极推进社区蔬菜直销店建设项目，培育 "产销衔接" 示范单位，培育鲜活农产品流通骨干企业、经营大户和农村流通合作组织，推进蔬菜流通向公司化、规模化、标准化、包装化、品牌化方向发展。当前最迫切的是要尽快开展鲜活农产品现代流通综合改革试点，探索适合实际的产销衔接好、带动作用强、流通效率高的鲜活农产品流通新模式，尤其要重点探索解决新形势下农产品流通间接渠道如何打造以及现有模式如何实现现代化改造的问题。要与农业、统计部门搞好协作，建立一套鲜活农产品信息统计调查体系，汇总整理好鲜活农产品流通消费领域相关数据，为农业部门提出生产计划提供数据支撑；落实好蔬菜储备政策，建立 "菜篮子" 风险调节基金，落实财政补贴支持资金，确保在紧急情况下调得动、用得上，与农业部门衔接建立一套专门以农产品产地初加工为出发点的新型鲜活农产品流通模式。也要防止区域内的某类鲜活农产品的垄断，防止企业、协会相互串通，捏造散布虚假信息，造成区域性乃至更大范围内某类鲜活农产品的价格上涨。也可以借鉴滨州市商务部门的"农居对接"的运作模式，敢于结合当地实际，创新模式，大胆实践，不断探索新的符合地方实际的流通模式。鲜活农产品流通体系建设具有重要的社会公益性，商务部门必须牵头组织好相关职能部门，根据各自业务范围特点提供减免税、费等各项优惠条件。尽快建立覆盖全国的鲜活农产品销售 SOS 系统，并做好与地方政府的衔接，确保预警在最短的运输距离和最小的区域内解决，真正做到政府与市场、组织与农户的有效结合，并以此为契机，实现全国农产品信息网络平台的链接和资源共享。

6.2.2 尽快出台约束性鲜活农产品流通体系建设规划

1. 尽快启动编制全国以及区域性鲜活农产品流通体系建设规划

出台全国鲜活农产品市场流通体系发展规划，结合国家种植业"十二五"规划"华南冬春蔬菜区""长江中上游冬春蔬菜区""黄淮海与环渤海设施蔬菜区""云贵高原夏菜蔬菜区""黄土高原夏秋蔬菜区"5 个重点蔬菜产区，发挥好山东、河南、河北、浙江等地的辐射带动作用，并以此为依托，重点打造区域集中规模化生产和小规模种植相补充，区域内高效短渠道流通和大规模跨区域流通相结合，集合"南品北运""北品南运""西品东运"等道流通模式并存的农产品流通格局。更加注重区域性的鲜活农产品市场体系建设规划的编制和实施工作，如滨州、东营、淄博以及烟台等市可以依托黄河三角洲高效生态区开发建设，编制黄河三角洲的区域性鲜活农产品市场体系建设规划，以整合资源优势，对接京津、济南省会城市圈，全力打造海洋渔业、畜牧养殖、蔬菜瓜果等特色鲜活农产品品牌，建设与高效特色农业发展相匹配的市场流通体系。结合新一轮城镇化建设的推进，尽快启动全国和区域性鲜活农产品流通体系建设规划、城市标准化菜市场布局规划的编制工作，做好与城市商业网点规划的衔接，加快鲜活农产品流通网点布局和改造升级的步伐。商务主管部门积极争取当地政府及规划、建设等部门支持，将社区便民菜店等基础设施建设列入城市综合规划和商业网点建设规划中。规划应以城区、乡镇农贸鲜活农产品网点改造提升为重点，并重点结合当地鲜活农产品，包括主要和特色农产品的生产规模、大型农业龙头企业发展现状、已有的"地产地销"和外销主要模式，以及当地居民消费习惯和消费水平，加大城镇大型蔬菜批发市场提升改造力度，在县城以上城市设立便民蔬菜早市的具体地点和建设规划，以及社区蔬菜直销店、平价超市建设规划；产销衔接大型鲜活农产品流通骨干企业培育规划；在全国蔬菜主产区重点鲜活农产品采购集配点建设规划；本地特色鲜活农产品近、远期营销网络建设规划。

2. 加大鲜活农产品流通体系建设规划的落实力度

加大规划落实力度，需要地方政府出台约束性机制，建立并落实好各类项目建设的规划审批工作。在建设鲜活农产品批发市场上，政府可以不投资，但是一定不能与民争利，并要不折不扣地落实好相关规划，规划要综合考虑，既要考虑硬件建设，也要注重软件建设；既要考虑市场本身建设，也要考虑好周边道路、交通运输等综合建设。避免所建成的农贸市场，让百姓买菜不方便。同时，要做好综合配套建设，建成的市场批发商要能够进得来、出得去，道路通畅的同时，政府服务也要畅通，不能出现有些地区虽建成了农贸市场，但交通部门限制市场区域的农用及大型机动车行驶，从而造成不便。对于新的鲜活农产品批发市场等基础设施项目的建设，在符合土地利用总体规划和商业网点规划的基础上，保证优先供应土地，并严格落实相关规划，对已办理相关手续的土地一律不得改作他用。新增居住用地按规划要求配套建设农贸市场用地的项目，在土地出让文件中要明确约定配建的农贸市场由用地单位负责建设并接受政府主管部门统一管理。对擅自改变农贸市场用途的，各相关主管部门按照相关法律法规严肃查处并收回土地。新建住宅小区或城市改造中按规划要求配建的蔬菜市场建设项目，应当与主体工程项目同步设计、同步建设、同步验收、同步交付使用。规划局在进行规划审批时，应当在征求商务、农牧等项目主管部门意见的基础上，对项目建设进行跟踪监督检查并做好规划指导。

6.2.3　建立一套完善可行的政策法规和落实体系

1. 落实好国家和地方相关政策法规

国家在鲜活农产品生产流通领域的法律法规已较为完善，先后相继出台了一系列的政策法规，构建了较为完善的法律法规体系。近年来，执行较好的鲜活农产品流通政策是交通部门"五纵二横"鲜活农产品运输"绿色通道"政策。该政策自 2005 年实施以来，经过几年的努力，基本建成了由国家和区域性"绿色通道"共同组成的、覆盖全国的鲜活农产品运输"绿色通道"网络，并在全国范围内对整车合法装载运输鲜活农产品的车辆免收车辆通行费，这一政策的有效执行有效地降低了鲜活农产品运输环节的成本。但是，随着一段时期内鲜活农产品安全问题的突出，大量的法律法规集中在鲜活农产品安全领域，例如：《中华人民共和国农产品质量安全法》《农产品包装和标识管理办法》《农产品产地安全管理办法》《农产品质量安全监测管理办法》。随着经济社会尤其是城镇化突飞猛进的发展，经济发展环境也发生了很大变化，国家对鲜活农产品流通体系建设调控政策也再次成为重点，2009年，出台了《关于进一步完善和落实鲜活农产品运输绿色通道政策的通知》；2011年，出台了《国务院办公厅关于加强农产品流通体系建设的意见》；2012年，出台了《国务院关于深化流通体制改革加快流通产业发展的意见》，各项政策分别就如何推进鲜活农产品流通体系建设，并发挥好政府部门指责作用，提出了具体的实施意见。多数不是约束性很强的政策，目前最大的问题是如何保证政府相关部门尤其是地方政府的落实，因此有必要将各政策细化、分解到各部门，尤其是明确地方政府的责任。当前正在讨论的中央政府与地方关系法的议题，从鲜活农产品流通体系建设方面讲，亟须相关法律对其进行明确，并且各地方政府之间也需要理顺关系，避免政策执行过程中出现地方差别、"水土不服"等情况。例如，滨州市制定的鲜活农产品流通体系建设的相关政策，如果淄博市、东营市不承认，或者与紧邻的河北省无法对接，甚至出现地方保护主义，就会成为整个流通链条的"中梗阻"，政府的调控政策失灵，造成市场混乱。

2. 完善地方及部门配套法规体系

当前，国家流通体系建设的法律法规已经较为完善，地方政府应该在落实好降低经营成本、清理整顿收费、减轻税收负担、规范执法行为、加大用地支持力度等政策的同时，结合当地的实际，出台地方性规章，将重点放在保障中间物流环节上。最理想的是地方政府组成领导小组或指定牵头部门，出台一整套符合当地实际的支持鲜活农产品流通体系建设法规政策，并出台配套的考评机制，选择合理的指标，列入当前的各级地方政府科学发展绩效考核，以充分调动各级政府的积极性和主动性。对于部分农产品交易市场可以采用类似期货运作模式，但可能使其成为价格炒作平台，因其市场运行极不规范，所以风险隐患较大，必须加大监督力度，出台并严格落实相关惩罚制度。

各职能部门如商务部门应在出台扶持各类"地产地销""产销对接"模式政策法规的同时，尽快制定零售商和供应商公平交易管理的法规，尽快整顿当前供应商违规收费、恶意压价、随意制定标准和恶意占压供应商货款的行为。工商部门应该规范并最终减免鲜活农产品市场收费，严格落实关于扶持本地区近郊农户免费销售自产鲜活农产品政策的同时，结合供应商和销售商，继续加大对本地特色品销售渠道、商标品牌建设等方面的详细政策，以龙头企业或合作社等为依托，打造鲜活农产品区域品牌。城市管理部门应出台关于鲜活农产品市场规范管理办法及实施细则，突破以往限制性条件较多的局限性，结合新型城镇化建设和现代城市管理，实行灵活的市场管理政策，支持和规范具有一定特色和便民性质的各类中小型以及自发性鲜活农产品交易市场；交通运输法规应该结合自身实际，打造最便捷、成本最低的城市鲜活农产品供应物流体系。物价部门应严格落实《中华人民共和国价格法》《价格违法行为行政处罚规定》，对鲜活农产品市场的进场费、摊位费等进行收费，实行公示制度，压缩收费项目，降低收费标准；加大对恶意囤积、哄抬价格等不正当价格违法行为的处罚力度，适时将价格监督环节前移，关注城市消费商场，探索建立对各级尤其是初级鲜活农产品各级批发市场的鲜活农产品价格监管体系，严厉打击各种鲜活农产品价格炒作行为。同时，结合当地鲜活农产品尤其是特色鲜活农产品产销实际，制定调节性较强、兼顾多方利益的鲜活农产品价格调节机制、价格管理办法等，出台并落实好特定鲜活农产品的价格调节补偿机制，对鲜活农产品市场、流通企业等实行最低用电、用水价格，各地也可以根据实际组建专门从事反垄断和市场价格监管的一支队伍。税务部门对农业生产者进入鲜活农产品批发市场、农贸市场、大型超市、连锁直营店和平价直销店销售的自产鲜活农产品实行税收减免政策，可以根据各地情况适当免征或返还蔬菜流通环节增值税。交通运输部门对鲜活农产品运输车辆实行"绿色通道"政策，免费办理鲜活农产品车辆准运证，免收过路、过桥通行费。公安交管部门对鲜活农产品运输车辆进城免费发放通行证，对车辆提供畅通便捷有序的通行和停靠条件，在遇到突发自然灾害的特殊情况下，对所有进入市场和主城区运输鲜活农产品的车辆实行见货放行。

6.2.4 创新流通模式减少中间流通环节成本

重点支持"地产地销"模式，鲜活农产品的中间流通环节原则上是越少环节成本越低，商务部门应该联合城管、工商、城建等相关部门出台相关政策，鼓励农民专业合作社到社区、农贸市场、宾馆饭店、学校企业食堂进行直供直销，适当地选择部分人口集中的社区有序设立周末菜市场及早、晚市等鲜活农产品零售网点，交管、城管、商务等部门结合各自职能，出台可行的政策措施。大力发展特色鲜活农产品"产地直销"模式，对具有很强的地域性特征和长久形成的历史文化渊源的特色农产品，当地政府应该充分发挥作用，以政府为主导作用，更加注重品牌保护，避免游资炒作，打造专属的营销渠道，可以参照滨州市沾化冬枣以及阳澄湖大闸蟹等模式。做好政府调控与"产地加工"的结合工作。相关专家大量调查研究发现全国蔬菜每年总产量7亿吨，近年来产后损失率超过20%，如何有效解决农产品产后损失，成为当前困扰鲜活农产品种植和流通的难题。"农产品产地初加工补助项目"是指通过财政"以奖代补"方式，扶持农户和专业合作社建设储藏、保鲜和烘干设施。对初级农产品进行一些简单的、物理的处理，包括产后净化、分等分级、烘干、预冷、储藏、保鲜、包装、商品化处理，以及其他的初加工过程。经过初加工后，农产品尤其是鲜活农产品有效地减少了产后损失，也为政府调控鲜活农产品市场提供了有利条件。按照国家农业农村部和财政部"十二五"期间全面启动农产品产地初加工惠民工程的工作安排要求，我国将经过5～10年的持续努力，基本普及科学适用的初加工设施，大幅度减少农产品产后损失。同时，政府可以通过有效的信息引导，在一定时期内，对供大于求的农产品实施一定财政资金补贴或者是以储备的方式进行初加工，并适当保存，在时间上避开供不应求的时期，或者在空间上调配给其他供应不足的地区，以有效平衡供求关系，并减少资源的浪费。

6.2.5 贯彻落实党的十九大报告提出的"乡村振兴战略"

党的十九大报告高度重视"三农"工作，强调农业农村农民问题是关系国计民生的根本性问题，必须始终把解决好"三农"问题作为全党工作重中之重；提出坚持农业农村优先发展，实施乡村振兴战略。大力推进乡村振兴，并将其提升到战略高度、写入党章，这是党中央着眼于全面建成小康社会、全面建设社会主义现代化国家做出的重大战略决策，是加快农业农村现代化、提升亿万农民获得感幸福感、巩固党在农村的执政基础和实现中华民族伟大复兴的必然要求，为新时代农业农村改革发展指明了方向、明确了重点。

实施乡村振兴战略，要按照产业兴旺、生态宜居、乡风文明、治理有效、生活富裕的总要求，建立健全城乡融合发展体制机制和政策体系，加快推进农业农村现代化。产业兴旺，就是要紧紧围绕促进产业发展，引导和推动更多资本、技术、人才等要素向农业农村流动，调动广大农民的积极性、创造性，形成现代农业产业体系，促进农村一、二、三产业融合发展，保持农业农村经济发展活力旺盛。生态宜居，就是要加强农村资源环境保护，大力改善水、电、路、气、房、讯等基础设施，统筹山水林田湖草保护建设，保护好绿水青山和清新清净的田园风光。乡风文明，就是要促进农村文化教育、医疗卫生等事业发展，推动移风易俗、文明进步，弘扬农耕文明和优良传统，使农民综合素质进一步提升，农村文明程度进一步提高。治理有效，就是要加强和创新农村社会治理，加强基层民主和法治建设，弘扬社会正气、惩治违法行为，使农村更加和谐安定有序。生活富裕，就是要让农民有持续稳定的收入来源，经济宽裕，生活便利，最终实现共同富裕。在实践中，推进乡村振兴，必须把大力发展农村生产力放在首位，支持和鼓励农民就业创业，拓宽增收渠道；必须坚持城乡一体化发展，体现农业农村优先原则；必须遵循乡村发展规律，保留乡村特色风貌。

各地由于发展水平不同，鲜活农产品流通体系建设也要区别对待，不能一刀切，照搬一个模式。以基础设施建设为例，当前中小城市居民的消费习惯仍较为传统，绝大多数居民尤其是中老年人，仍然以集贸市场为首选；中小城市规划建设相对滞后，尚具备再开发建设农贸市场的可能，因此，基础设施的投资建设是当务之急。而大城市由于城市规划已经基本成型，城市内市场建设成本较高，再规划建设大型农贸市场等传统模式未必可行；大城市生活节奏快、居民消费水平高，如深圳等发达城市的居民可能更注重效率和产品质量等。因此，政府调控必须要考虑这些实际情况，不能一概而论，中小城市可以以升级改造农贸市场为主，大城市可以采用财政资金补贴传统流通模式，并加大对居民社区服务的投入力度，如大力发展 "农居对接" 等模式，为居民提供档次稍高、经梳理分装的鲜活农产品，并引导推广 "宅配送" "电子营销" 等较为先进的模式。

参考文献

［1］潘建伟，张立中，胡天石．基于流通视角的农产品价格传导机制研究［J］．农业技术经济，2018（6）：106－115.

［2］孙伟仁，张平，赵德海．农产品流通产业供给侧结构性改革困境及对策［J］．经济纵横，2018（6）：99－104.

［3］郑琛誉，李先国，张新圣．我国农产品现代流通体系构建存在的问题及对策［J］．经济纵横，2018（4）：125－128.

［4］蒋娅娜．我国农产品现代流通体系机制创新［J］．商业经济研究，2018（6）：119－122.

［5］黄桂琴，赵连阁，王学渊．城市偏向、市场分割与农产品流通产业增长区域差异［J］．商业经济与管理，2018（2）：24－36.

［6］何小洲，刘丹．电子商务视角下的农产品流通效率［J］．西北农林科技大学学报（社会科学版），2018，18（1）：58－65.

［7］田跃，姚冠新，徐静．现代农产品流通体系创新模式的探索研究——兼评《农产品流通体系创新管理》［J］．农业经济问题，2017，38（12）：89－90.

［8］吴盛汉，张洁梅．我国农产品流通量与流通产值效率分析［J］．商业经济研究，2017（23）：110－112.

［9］杨国华．我国农村现代流通服务网络体系构建研究［J］．商业经济研究，2017（23）：113－115.

［10］张青．现实约束条件下农产品供应链的整合与创新［J］．商业经济研究，2017（23）：116－118.

［11］田爱国．电子商务对黑龙江省传统农产品流通模式的影响研究［J］．商业经济研究，2017（23）：125－127.

［12］卢奇，洪涛，张建设．我国特色农产品现代流通渠道特征及优化［J］．中国流通经济，2017，31（9）：8－15．

［13］刘根荣，慈宇．中国农产品流通创新及其对农民收入影响研究［J］．中国经济问题，2017（3）：113－122．

［14］程书强，刘亚楠，许华．西部地区农产品流通效率及影响因素研究［J］．西安财经学院学报，2017，30（3）：88－94．

［15］张永强，张晓飞，刘慧宇．我国农产品流通效率的测度指标及实证分析［J］．农村经济，2017（4）：93－99．

［16］张永强，张晓飞，周宁，等．中美日农产品流通体系对比及经验借鉴［J］．世界农业，2017（4）：29－34．

［17］杨辉鹏．连片特困区小城镇农产品流通：动力机制与发展路径——泛旅游产业线上线下整合的视角［J］．财经理论研究，2017（1）：18－32．

［18］石岿然，孙玉玲．生鲜农产品供应链流通模式［J］．中国流通经济，2017，31（1）：57－64．

［19］崔卫华，胡玉坤．中国农产品流通体系竞争力的时序变化与地区差异［J］．财经问题研究，2016（11）：106－112．

［20］周丹，杨晓玉，姜鹏．中国重要农产品流通现代化水平测度与实证研究——基于2000—2014年度省际面板数据［J］．贵州财经大学学报，2016（5）：22－28．

［21］刘书艳．农产品流通中存在问题及优化策略研究——基于新型城镇化建设背景［J］．经济问题，2016（5）：90－93．

［22］赵晓飞，田野．农产品流通渠道变革的经济效应及其作用机理研究［J］．农业经济问题，2016，37（4）：49－57＋111．

［23］汪旭晖，张其林．电子商务破解生鲜农产品流通困局的内在机理——基于天猫生鲜与沱沱工社的双案例比较研究［J］．中国软科学，2016（2）：39－55．

［24］隋博文，庄丽娟．跨境农产品供应链：中国—东盟农产品流通产业发展的基石［J］．中国流通经济，2016，30（2）：67－74．

［25］赵晓飞，田野．农产品流通领域农民合作组织经济效应的动因与作用机理分析［J］．财贸研究，2016，27（1）：52－61．

［26］邹娜，郝大江．网络经济背景下的农产品流通模式创新［J］．首都经济贸易大学学报，2016，18（2）：83－88．

［27］周丹，王德章．"互联网＋农产品流通"融合发展研究［J］．学术交流，2015（11）：166－171．

［28］刘艳，夏宇．快递企业参与我国农产品流通的模式［J］．中国流通经济，2015，29（10）：96－102．

［29］洪岚．我国城市农产品流通主要特点及发展趋势［J］．中国流通经济，2015，29（5）：20－26．

［30］侯建昀，霍学喜．高价值农产品流通渠道的关键问题与政策导向［J］．中国流通经济，2015，29（5）：27－33．

［31］陈耀庭，戴俊玉，管曦．不同流通模式下农产品流通效率比较研究［J］．农业经济问题，2015，36（3）：68－74＋111．

［32］林兰芬，于鹏华，李泽洋．基于聚类的农产品流通物联网感知数据时空可视化技术［J］．农业工程学报，2015，31（3）：228－235．

［33］周峻岗，尚杰．基于不同流通模式的农产品流通效率评价研究［J］．安徽农业科学，2015，43（2）：317－321＋325．

［34］赵晓飞，田野，潘泽江．农产品流通领域农民合作组织发展的动因与路径选择［J］．农业现代化研究，2014，35（6）：721－726．

［35］汪旭晖，张其林．基于线上线下融合的农产品流通模式研究——农产品O2O框架及趋势［J］．北京工商大学学报（社会科学版），2014，29（3）：18－25．

［36］陈宇峰，叶志鹏．区域行政壁垒、基础设施与农产品流通市场分割——基于相对价格法的分析［J］．国际贸易问题，2014（6）：99－111．

［37］涂传清．农户介入农产品流通中高附加值活动的影响因素分析——基于赣南果农的实证研究［J］．商业经济与管理，2014（5）：12－23．

［38］薛建强．中国农产品流通体系深化改革的方向选择与政策调整思路［J］．北京工商大学学报（社会科学版），2014，29（2）：32－38＋69．

［39］刘刚．鲜活农产品流通模式演变动力机制及创新［J］．中国流通经济，2014，28（1）：33－37．

［40］赵锋．农产品流通效率研究：综述与展望［J］．中国流通经济，2013，27（12）：16－21．

［41］朱华友，谢恩奇．区域农产品流通模式研究——基于浙江省金华市的实地调查［J］．农业经济问题，2013，34（10）：63－68．

[42] 刘天军，胡华平，朱玉春，等. 我国农产品现代流通体系机制创新研究 [J]. 农业经济问题，2013，34（8）：20-25+110.

[43] 刘刚. 基于农民专业合作社的鲜活农产品流通模式创新研究 [J]. 商业经济与管理，2013（8）：5-10.

[44] 陈耀庭，蔡贤恩，戴俊玉. 生鲜农产品流通模式的演进——从农贸市场到生鲜超市 [J]. 中国流通经济，2013，27（3）：19-23.

[45] 欧阳小迅，黄福华. 入世对我国农村农产品流通效率的影响 [J]. 农业技术经济，2013（1）：68-76.

[46] 王伟新，祁春节. 我国农产品流通现代化评价指标体系的构建与测算 [J]. 经济问题探索，2013（1）：128-133.

[47] 张晓林，罗永泰. 基于全产业链的农产品流通困局与流通体系建设研究 [J]. 商业经济与管理，2012（12）：16-22.

[48] 龚梦，祁春节. 我国农产品流通效率的制约因素及突破点——基于供应链理论的视角 [J]. 中国流通经济，2012，26（11）：43-48.

[49] 田野，赵晓飞. 我国农产品现代流通体系构建 [J]. 中国流通经济，2012，26（10）：19-24.

[50] 郑鹏，李崇光. 农业现代化背景下农产品流通现代化的路径选择——一个理论分析框架 [J]. 中国流通经济，2012，26（5）：24-29.

[51] 王冲，陈旭. 农产品价格上涨的原因与流通改革的思路探讨 [J]. 中国软科学，2012（4）：11-17.

[52] 徐从才，唐成伟. 现代农产品流通体系的构建研究 [J]. 商业经济与管理，2012（4）：5-10.

[53] 赵晓飞，李崇光. 农产品流通渠道变革：演进规律、动力机制与发展趋势 [J]. 管理世界，2012（3）：81-95.

[54] 李连英，李崇光. 中国特色农产品流通现代化的主要问题与对策 [J]. 中国流通经济，2012，26（2）：21-26.

[55] 孙剑. 我国农产品流通效率测评与演进趋势——基于1998—2009年面板数据的实证分析 [J]. 中国流通经济，2011，25（5）：21-25.

[56] 欧阳小迅，黄福华. 我国农产品流通效率的度量及其决定因素：2000—2009 [J]. 农业技术经济，2011（2）：76-84.

[57] 杨宜苗，肖庆功. 不同流通渠道下农产品流通成本和效率比较研究——基于锦州市葡萄流通的案例分析 [J]. 农业经济问题，2011，

32（2）：79 – 88.

［58］李圣军.农产品流通环节利益分配机制的实证分析［J］.农业技术经济，2010（11）：108 – 114.

［59］彭磊，孙开钊.基于"农餐对接"的农产品流通创新模式研究［J］.财贸经济，2010（9）：105 – 111.

［60］孙传恒，刘学馨，丁永军，等.基于嵌入式 Linux 技术的农产品流通追溯系统设计与实现［J］.农业工程学报，2010，26（4）：208 – 214.

［61］夏春玉，薛建强，徐健.农产品流通：基于网络组织理论的一个分析框架［J］.北京工商大学学报（社会科学版），2009，24（4）：1 – 6.

［62］赵晓飞，田野.我国农产品流通渠道模式创新研究［J］.商业经济与管理，2009（2）：16 – 22 + 91.

［63］周发明.中外农产品流通渠道的比较研究［J］.经济社会体制比较，2006（5）：116 – 120.

［64］邓若鸿，陈晓静，刘普合，等.新型农产品流通服务体系的协同模式研究［J］.系统工程理论与实践，2006（7）：59 – 65.

［65］张闯，夏春玉.农产品流通渠道：权力结构与组织体系的构建［J］.农业经济问题，2005（7）：28 – 35 + 79.

［66］张自伟.现代服务业集聚区发展模式的国际比较与借鉴［J］.内蒙古科技与经济，2018（1）：55 – 56.

［67］范志忠.服务业集聚区：现代服务业发展模式的新实践——以呼和浩特市新城区为例［J］.北方经济，2017（1）：56 – 58.

［68］孙娟娟.政府规制的兴起、改革与规制性治理［J］.汕头大学学报（人文社会科学版），2018（4）：72 – 79 + 98.

［69］宋华琳.论政府规制中的合作治理［J］.政治与法律，2016（8）：14 – 23.

［70］宋华琳.全球规制与我国政府规制制度的改革［J］.中国行政管理，2017（4）：6 – 10.

［71］芦千文，姜长云.农业生产性服务业发展模式和产业属性［J］.江淮论坛，2017（2）：44 – 49 + 77.

［72］王艳君，谭静，雷俊忠.农业与其服务业间产业融合度实证研究——以四川省为例［J］.农村经济，2016（12）：82 – 87.

［73］王耀中，江茜.生产性服务业对农业现代化效率的影响［J］.商

业研究，2016（1）：22－30＋192.

　　［74］张海波，张毅，沈怡杉．湖北省现代服务业发展水平评价［J］．统计与决策，2018，34（11）：95－99.

　　［75］朱雁春，杨巧媛．生态视角下现代服务业新业态生成机理及发展路径探讨［J］．商业经济研究，2018（13）：172－175.

后 记

党的十九大提出了 2020 年全面建成小康社会以及分两个节点到 2050 年把我国建成社会主义现代化强国的宏伟目标。实现中华民族伟大复兴，我们必须建立战略性新兴产业，加快产业结构转型升级，大力发展服务业，以此推动社会主义市场经济体制和经济发展方式转变。

长沙市于 2012 年 7 月获批成为全国现代服务业综合试点城市，目的就是要建设一批具有引领性、示范性的项目，在新的历史条件下拓展服务范围、服务领域、服务内容、服务对象，创新服务模式，增强服务功能，满足社会和消费者对服务业日益增长的需求，以此带动湖南省服务业的发展水平。"长沙模式"为拓展商务领域、加快体制创新、转变营销方式、提高流通效率、降低物流成本、提高经营管理水平开辟了一片新的天地，使服务业成为长沙市经济社会发展新的动力源和增长极，促进经济增长、增加财税收入、扩大人员就业，为全国全面发展现代服务业积累经验。

五年来，长沙按照财政部和商务部的要求，结合现代服务业发展实际，围绕打造"全国农副产品交易集散中心"的功能定位，以"五性"（示范性、公益性、创新性、带动性、安全性）为原则，以重大项目实施为抓手，审核实施了 143 个项目，实际完成总投资 206.7 亿元。通过试点项目实施带动，促进了农产品物流的率先发展，全市社会物流成本得到有效控制和降低，全市社会物流总费用与 GDP 比值由 2011 年的 18.3% 降低到 2017 年的 15%。2017 年，全市服务业实现增加值 5157.8 亿元，服务业增加值占 GDP 比重达49%。增速居全国省会城市第 6 位、中部省会城市第 1 位，实现了长沙现代服务业发展提速、比重提高、水平提升。同时，长沙连续 5 年在财政部和商务部组织的年度绩效评价中获"优秀"等级。

当前，我国现代服务业正处于蓬勃发展的成长期，为总结提炼长沙现代服务业综合试点的经验，使其得到更好的推广和应用，在长沙市委市政府的大力支持下，长沙市商务局的直接领导下，长沙市现代服务业综合试点办公室组建编委会，编写《构建 "互联网 +" 农产品流通新模式——长沙现代服务业综合试点的探索与创新》一书，本书由长沙市人民政府副市长邱继兴先生担任编委会主任，长沙市人民政府副秘书长王体泽先生、长沙市商务局局长高伟先生、长沙市商务局副局长陈再坤先生、长沙市商务局副局长吴照舒先生、湖南商学院工商管理学院院长黄福华教授担任编委会副主任。在具体的编写过程中，本书主编为长沙市商务局局长高伟先生，副主编为长沙市商务局副局长吴照舒先生、湖南商学院工商管理学院院长黄福华教授。各章编写情况为：第一章由吴照舒先生、黄福华教授、肖文金老师执笔；第二章由周敏博士、王松博士执笔；第三章由李坚飞博士、石彪副教授执笔；第四章由肖文金老师、黄福华教授执笔；第五章由肖文金老师、刘海运老师、李允尧副教授、石彪副教授、袁世军副教授执笔；第六章由肖文金老师、周敏博士执笔。

本书在编写过程中得到了长沙市政府、长沙市商务局、长沙市现代服务业综合试点办公室、湖南商学院、现代服务业试点企业等单位及团队成员的大力支持，在此表示衷心的感谢！编写过程中，编者查阅和参考了相关专业书籍、现代服务业试点企业相关资料，得到很多教益和启发，在此向参考文献的作者及现代服务业试点企业一并表示衷心的感谢！

由于编者的经验、水平以及时间限制，书中难免存在错误、疏漏和不足，敬请专家、广大读者批评指正。

编　者

2018 年 10 月

"行动营销"快乐购新疆红枣外场直播现场

"汇米巴"五全便利店

果之友精品水果专卖店

高桥大市场展贸中心全景实拍

广联冷链物流中心全景

汉方生物检测实验室

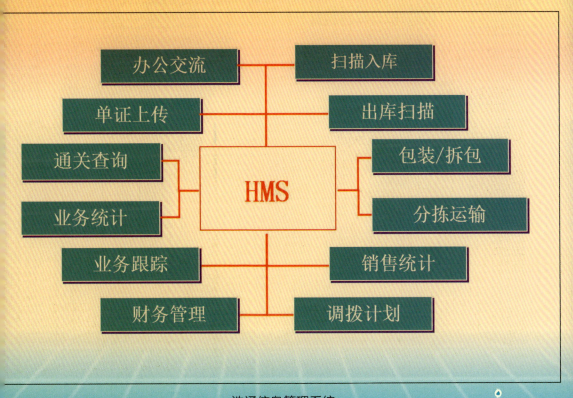

办公交流　扫描入库
单证上传　出库扫描
通关查询　包装/拆包
业务统计　HMS　分拣运输
业务跟踪　销售统计
财务管理　调拨计划

浩通信息管理系统

惠农网桂东黄桃节

惠农网桂东黄桃节

隆平高科物流加工中心

南方粮油饲料交易集散中心

晟通物流仓储基地

网上供销社

望城农贸市场

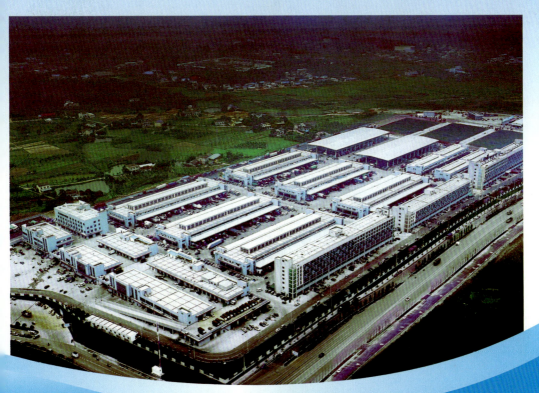

长沙海吉星——期实景图

中茶跨境 O2O 茶叶电子商务平台